守 望 经 典 学 问 弥 新

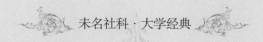

乌合之众

群众心理研究

〔法〕古斯塔夫·勒庞 著

何道宽 译

图书在版编目(CIP)数据

乌合之众:群众心理研究/(法)勒庞(Le Bon, G.)著;何道宽译.—北京:北京大学出版社,2016.7
(未名社科·大学经典)
ISBN 978-7-301-27208-4

Ⅰ.①乌… Ⅱ.①勒… ②何… Ⅲ.①群众心理学 Ⅳ.①C912.64

中国版本图书馆 CIP 数据核字(2016)第 126800 号

Preface © Robert K.Merton

书　　　名	乌合之众：群众心理研究
	Wuhezhizhong: Qunzhong Xinli Yanjiu
著作责任者	〔法〕古斯塔夫·勒庞 著　何道宽 译
责 任 编 辑	周丽锦
标 准 书 号	ISBN 978-7-301-27208-4
出 版 发 行	北京大学出版社
地　　　址	北京市海淀区成府路 205 号　100871
网　　　址	http://www.pup.cn
新 浪 微 博	@北京大学出版社　　@未名社科-北大图书
电 子 信 箱	ss@pup.pku.edu.cn
电　　　话	邮购部 62752015　发行部 62750672　编辑部 62765016
印 刷 者	北京中科印刷有限公司
经 销 者	新华书店
	890 毫米×1240 毫米　A5　8.5 印张　170 千字
	2016 年 7 月第 1 版　2022 年 11 月第 7 次印刷
定　　　价	35.00 元

未经许可，不得以任何方式复制或抄袭本书之部分或全部内容。
版权所有，侵权必究
举报电话: 010-62752024　电子信箱: fd@pup.pku.ecu.cn
图书如有印装质量问题，请与出版部联系，电话：010-62756370

古斯塔夫·勒庞（1841—1931）

经典作家小传

〔法〕古斯塔夫·勒庞
(Gustave Le Bon, 1841—1931)

法国社会心理学家、社会学家,群体心理学的奠基人之一。

他曾在巴黎学习医学,1866年获得医学博士学位之后,游历了欧洲、北非和亚洲,写了数本有关人类学和考古学的著作。

从1870年起,他开始在巴黎行医。

勒庞几乎目睹了近代法国所有的政治事件,面对政权走马灯似地更迭以及群众运动不断高涨,勒庞从最初的忧虑逐步发展到对人类群体的探索。

勒庞从1884年开始研究群众心理学,阐发了强调民族特点与种族优越性的社会心理学理论。

他撰写了一系列通俗读物,它们产生了广泛和深远的影响。很多著名政治家深受他的作品的影响,包括美国总统西奥多·罗斯福、智利共和国总统亚历山大·德里等。

勒庞以对群体心理特征的研究而著称。他认为,"民族的精神"或"种族的灵魂"是整个社会生活的基础。一个民族、种族或一种文明都具有民族的精神,即共同的感情、利益和思维方式。

勒庞最著名的作品是 1895 年出版的《乌合之众：群众心理研究》(*The Crowd：A Study of the Popular Mind*)。这是学习社会心理学的入门读物。这本书运用生动的词语讲述历史上的重大事件，同时具有无与伦比的前瞻性，直到今天还在影响着人类社会的发展。

名师点评

　　1789 年的法国大革命,既带来了激越和进步,也带来了混乱和血腥。在它摧毁旧有的社会秩序之时,也造就了不受约束的力量——乌合之众或群氓。勒庞的《乌合之众:群众心理研究》,因出色地论述了"借助语言和口号的魔力,用新的神祇取代了旧的上帝"的"雅各宾心态"(Jacobin Mentality)如何"主导了法国大革命中的人们"而彪炳青史。在社会心理学的短暂历史上,极少有影响能够长达百年的著作,而且可以预计在下一个百年因为历史所具有的惊人的相似性,它依旧不会丧失对乌合之众或所谓"群氓"现象的解释力。

——中国社会心理学会会长、
教育部长江学者特聘教授、南京大学社会学院教授
周晓虹

　　勒庞的《乌合之众:群众心理研究》是一部常读常新的严肃的作品。它告诉我们,人类在什么样的情况下会失去理性。这本书在许多方面颠覆了我们的常识,并引领我们就人类的本质做进一步思考:我们的社会性是否真的决定了我们成为万物之灵?它是否也同时是驱使我们成为暴民的重要因素？如果是，那么人类的社会性又将被如何定义？这本书提醒人们：在任何情况下，我们都应当不断思考以保持清醒的理智。唯有如此，我们方能使自己不在狂躁的氛围中堕落并失去自我。

——南京大学社会学院教授　范可

"人民"是现代社会的主角，但是在现实里"人民"并不是理想的样子，而总是以不可高估的各种群众（大众）的面相出现。群众在组织和集体意识上的表现是神秘而飘忽的，可谓"其兴也勃焉，其亡也忽焉"。现代社会科学在根本上是研究群众（大众）在特定情境、特定条件下的倾向（政治意向、消费偏好）的历史解释学、现状描述学、未来预测学。勒庞的《乌合之众：群众心理研究》因为是研究群众的集体心理特性的经典之作，也就成为社会科学诸学科的公共知识，在一百多年里影响广泛，常读常新。群众易变、轻信，总是被领袖所利用，又总是无情地抛弃领袖，其中的奥秘殊难破解。勒庞做了引起弗洛伊德等大师重视的解说，但是他的说法充满争议。

——北京大学社会学系教授　高丙中

目 录

前　言　/ 001
绪论：群众的时代　/ 001

第一部分　群众心理

第一章　群众的一般特征：群众心理同一律　/ 013
第二章　群众的情绪与道德　/ 025
　　一、群众的冲动、易变和急躁　/ 027
　　二、群众容易轻信，易受暗示影响　/ 030
　　三、群众情绪的夸张与率直　/ 039
　　四、群众的偏执、专横和保守　/ 042
　　五、群众的道德　/ 044
第三章　群众的观念、推理能力和想象力　/ 049
　　一、群众的观念　/ 051
　　二、群众的推理能力　/ 055
　　三、群众的想象力　/ 056

第四章　群众的信念采用的宗教形式　／061

第二部分　群众的意见和信念

第五章　群众的意见和信念里的间接因素　／073

　　一、种族　／076

　　二、传统　／077

　　三、时间　／079

　　四、政治制度和社会制度　／081

　　五、教导与教育　／084

第六章　群众的意见和信念里的直接因素　／095

　　一、形象、词语和套话　／097

　　二、幻觉　／103

　　三、经验　／105

　　四、理性　／106

第七章　群众领袖及其说服手法　／111

　　一、群众领袖　／113

　　二、领袖的动员手段：断言、重复和传染　／119

　　三、威望　／124

第八章　群众的信念与意见变化的局限性　／137

　　一、牢固的信念　／139

　　二、群众意见的变易性　／144

第三部分 群众的类别及其特点

第九章 群众的类别 / 153
    一、异质性群众 / 156
    二、同质性群众 / 157

第十章 所谓犯罪群众 / 159

第十一章 刑事陪审团 / 167

第十二章 选民群众 / 177

第十三章 议　会 / 189

附：《乌合之众》的诸多矛盾 罗伯特·默顿 / 213
译后记：从正名的冲动到中庸的妥协 何道宽 / 249
    一、剽窃神手耶，学术大师耶？ / 249
    二、书名辩证 / 252
    三、两难的困境，最后的妥协 / 254
    四、为出版界辩护 / 255
    五、《乌合之众》的现实意义 / 257

前　言

本书旨在描绘群众的特征。

赋予种族每个成员的共同特征构成该种族的天赋。然而，其中一些人聚在一起构成群众并有所行动时，观察证明，他们相聚的事实本身就足以催生一些新的心理特征，这些心理特征叠加在种族特征之上，有时与种族特征颇为不同。

在各民族的生活中，有组织的群众自古以来就十分重要，却从来就不像现在这样重要。群众的无意识行为替代了个人的有意识行为，这是当代的主要特征之一。

我尝试用纯科学的方式去考察群众现象呈现出的困难问题。换言之，我从方法入手，不受意见、理论和教条的影响。我相信，这是发现些许真理的唯一方式。在这里，我们面对的是一个论战激烈的课题，这一方法尤其重要。致力于验证一种现象的科学家没有义务去担心，他的研究会损害什么人的利益。在最近一本著作里，著名的思想家高布利特·德阿尔维耶拉（M. Goblet d'Alviela）说，由于我不属于当代的任何学派，所以我发现，自己的意见常常和许多学派的结论相左。我希望，这本新书也同样如此。一旦属于某一学派，其必然结果是支持该学派的偏见和先入为主的观点。

然而乍一看，我的研究不支持我得出的结论。对此，我应该向读者做出解释。比如，我首先指出，群众，包括精英群体的心理是极端低劣的，然后我又断言，虽然存在这种低劣性，但干涉其组织仍然是危险的。在这一点上，我应该向读者做出说明。

原因在于，我对历史事实最精细的观察无一例外地向我证实，社会组织酷似一切生物体，极其复杂，强制它们经受突然而深远的变革，绝非明智之举。有时，造化固然也急剧变化，但绝不会采取我们的方式。这就可以解释，无论重大的变革在理论上看多么完美，大变革的狂热对一个民族来说都是极端致命的危险。除非民族的禀赋顷刻之间发生巨变，否则重大的变革带来的收益就无从谈起。唯有时间拥有如此的魔力。人受制于观念、情感和习俗，诸如此类的东西是我们的基本特质。制度和法律是我们的性格的外在表现，反映了它的需求。制度和法律是我们的性格的产物，并不能改变我们的性格。

研究社会现象，与研究这些现象出现于其中的民族是分不开的。从哲学观点看，社会现象也许有绝对价值，然而实际上，它们只有相对价值。

因此，在研究一种社会现象时，有必要从两个不同的方面去加以考虑。你会看到，纯粹理性的教诲经常和实践理性的教诲相悖。纯粹理性和实践理性的区分适用于任何研究，包括自然科学研究。从绝对真理的观点看，立方体或圆形是不变的几何形体，这是由公式严格界定的。然而，从它们在我们的眼球上留下的印记看，它们却可能呈现出变化多样的形状。从透视的角度看，立方体可以变成锥形或方形，圆可以变成椭圆或直线。而且，考虑这些虚拟的形状，远比考虑其真实的形状重要。这是因为，我们的眼睛看到的、能通过摄影或绘画复制的，正是而且只能是这些虚拟的形状。有些情况下，虚拟的东西比真实的东西更真实。如果按照准确的几何图像来呈现事物，那就会扭曲自然，反而不识其真实面目。我们不妨设想，如果世人只能复制或翻拍物体，却不能触摸它们，那么就很难准确构想物体的形状。进一步说，如果只有少数有学问的人才能把握物体的形状，那么这样的知识就没有多少意义了。

研究社会现象的学人应当铭记，社会现象既有理论价值，也有与之相伴的实用价值；并且就文明演进而言，实用价值才至关重要。明乎此，当他面对逻辑先入为主地强加于他的结论时，他就会谨慎从事。

还有一些其他的原因使他采取类似的保留态度。社会事实纷繁复杂，难以在总体上把握，难以预见其相互影响。看来，一望而知的事实背后隐藏着成千上万难以窥见的原因。有形的现象背后，似乎有一个强有力的无意识机制在起作用，而这一机制通常不在我们的分析范围之内。可以觉察的现象好比是波浪，波浪是大洋的表层，大洋深处暗潮汹涌，我们却不得而知。就其大多数行为而言，群众在心理上表现出很独特的低劣性。在其他的行为中，群众似乎被神秘的力量牵着鼻子走，古人将其命名为命运、造化或天意，我们则称之为亡灵的呼声。我们不了解神秘力量的实质，却不能忽略其威力。有时，在民族的心灵深处潜藏的神秘力量似乎是这一民族行为的指南。比如，还有什么力量比语言更复杂、更有逻辑、更神奇吗？然而，这一令人称奇的造化产物来自何方？如果语言不是群众的无意识禀赋的产物，还能是什么呢？知识渊博的学者、最受人尊敬的语法学家的成就不过是记录下语言的规律而已，他们绝不可能创制规律。即使就伟人的思想而言，我们也要发问，那完全是他们的头脑的产物吗？无疑，这些思想是由一个个头脑独自创造出来的。然而，群众的禀赋营造了千万颗尘粒，形成了伟人的思想赖以生长的土壤，难道不是这样吗？

无疑，群众总是无意识的。然而，这样的无意识也许正是其力量的秘密所在。在自然界，完全受本能支配的生物所能做出的一些动作，神奇而复杂，令人惊叹。理性是人类晚近才获得的品质，太不完美，不可能向我们揭示无意识的规律，遑论取代无意识的地位。在我们的行为中，无意识的作用极为重要，理性的作用则小之又小。无意识作用的神秘力量尚不为人所知。

如果我们希望待在狭小而安全的范围内，利用科学来获取知识，不想闯进朦胧的猜测与徒劳的假设的王国去游荡，我们只需注意我们能觉察到的现象，将自己的思考局限在这个范围内。通常，我们观察所得的结论尚不成熟，因为在我们清楚看见的现象背后尚有模糊不清的现象，而且很有可能，在模糊不清的现象背后还有根本看不见的现象。

绪论：群众的时代

经典名句

- 我们古老的信念摇摇欲坠，走向消亡，社会古老的支柱——坍塌，群众的力量却独步天下，如日中天，不受任何力量威胁，其声威不断攀升。我们即将进入的时代确乎是群众的时代。
- 群众的力量全然是破坏性的，其作用像细菌，加速病弱者或死尸的消解。文明的结构腐烂时，使它倾覆的总是群众。只有在这个关键时刻，群众的主要使命才是清晰可见的。值此时刻，人多势众的原则似乎成了唯一的历史法则。

"为了抗衡人们的混乱思想,绝望中的作家开始祈求教会的道德力量。"

走在文明变革之前的大动荡,如罗马帝国的衰亡和阿拉伯帝国的奠基,乍一看似乎是由政治变革、外敌入侵或王朝的颠覆决定的。然而,更专注的研究显示,在表面的原因背后,总是能看到人民思想的深刻变化。真正的历史大动荡不以其宏大和暴烈令我们吃惊。唯有文明更新产生的重大变革影响着我们的思想、观念和信念。难忘的历史事件只是隐形的人类思想变革的显性效应而已。重大事件之所以非常罕见,那是因为人类思想的遗传根基非常稳定,其他任何东西都难以匹敌。

当前这个时代便是人类思想正在转变的关键时期之一。

这一变革的底层有两个因素。首先是宗教、政治和社会信仰的毁灭,而文明的一切要素都植根于这些信仰。其次是全新的生存和思想条件的出现,这些条件是现代科学和工业的诸多发现造就的。

过去的思想几被摧毁,却依然强大十足;取而代之的思想尚在形成之中。所以,现在这个时代是一个过渡和无序的时期。

这个混乱的时代终将演变成什么样的社会,目前殊难断言。接替我们目前社会的将是什么社会,其依托的重要思想将是什么，我们尚不得而知。然而，有一点业已清楚，无论未来的社会以什么方式被组织，它都必须考虑一种新的力量。这是在现代社会存在的强大无比的力量，即群众的力量。以往被视为理所当然的许多思想业已衰朽或处在衰落之中，许多权威业已被一波接一波的革命摧毁。在这些思想的废墟上，唯有群众的力量得以兴起，取而代之，强大无比，似乎命定要吞噬其他力量。我们古老的信念摇摇欲坠，走向消亡，社会古老的支柱——坍塌，群众的力量却独步天下，如日中天，不受任何力量威胁，其声威不断攀升。我们即将进入的时代确乎是群众的时代。

不到一百年前，欧洲各国的传统政策和君主之间的斗争是引发各类事件的主要因素。彼时，大众的意见几乎不起作用，实际上多半不起任何作用。今天，昔日在政治领域畅行无阻的传统不再起作用，统治者个人的想法和彼此之间的斗争也不起作用了。大众的声音反而占了上风。这个声音让帝王了解了群众的行为，帝王必须倾听他们的呼声。如今，国家的命运在大众的心里酝酿成型，再也不会由御前会议决定了。

大众阶级进入政治生活，换言之，他们逐渐向统治阶级转化，此乃当今过渡时代最显著的特征之一。普选制实施以后，长期影响甚微，并未成为人们想象中的政治权力迁移的显著特征。大众的力量不断壮大，起初是由于思想的传播，并逐渐在人们的头脑中扎根；随后，人们结为社团，竭力把理论观念付诸现实。正是凭借人的聚合，群众掌握了与切身利益相关的思想；这些利益未必特别正当，其界定却格外分明。群众意识到了自己的力量。他们组建垄断性的辛迪加社团，迫使权威当局屈服投降。他们组建工会，不顾经济规律，试图规制劳动和工资条件。他们转向议会，即承载政府权力的议会；而议员往往缺乏主动性和独立性，常常沦为推选他们的委员会的代言人。

今天，大众的要求越来越明确，逼近彻底摧毁当今社会。他们回眸原始共产主义，那是文明破晓之前所有人类群体的正常状态。他们的要求是：限制工作时间，实现矿场、铁路、工厂和土地国有化，一切产品平均分配，为了大众阶级的利益而消灭上层阶级，如此等等。

群众不适应推理，急于采取行动，与理性背道而驰。其目前的组织形式使之拥有强大的力量。我们正在目睹新教条的诞生，它们即将拥有旧教条的威力，那是专横、至上、不容议论的力量。大众的神圣权利就要取代帝王的神权了。

那些深受中产阶级青睐的作家，最能代表中产阶级褊狭的思想、先定的观点、肤浅的怀疑主义，以及有时略微过分的利己主义。面对这日益壮大的新兴力量，他们深感惊恐。为了抗衡人们的混乱思想，绝望中的他们开始祈求教会的道德力量——他们曾经嗤之以鼻的力量。

他们和我们谈论科学的破产，以忏悔的心态回归罗马，要我们注意神启真理的教诲。这些新的皈依者忘了，现在为时已晚。即使他们真的曾被神恩打动，类似的说教也不再能触动大众的心

绪论：群众的时代 ┼ 005

灵，因为人们如今已不大关心使皈依者如痴如狂的教条。今天的群众排斥神祇，这是他们的训诫者昨天批判和毁灭的神祇。任何神力或人力都不能使河水倒流。

科学不曾破产。对目前的精神混乱，科学不承担责任；目前的混乱中兴起的新势力，也与科学无关。科学向我们许诺真理，或者至少是我们的智力能把握的有关各种关系的知识：科学不曾许诺和平或幸福。它高高在上，漠视我们的感情，对我们的哀叹充耳不闻。我们只能适应科学，因为什么力量也不能恢复被科学摧毁的幻觉。

普遍的征兆彰显于各国，昭示群众力量的迅速发展，不容我们假设，它注定会早早收场，停止增长。无论群众的力量会如何影响我们的命运，我们都不得不承认它。一切反对它的推理都是徒劳无益，纸上谈兵。无疑，群众威力的到来是西方文明最后一个阶段的标志。这是一种回归，即完全回归混乱无序的无政府时期，而无政府状态注定是新社会诞生的前奏。试问，这样的倒退能被阻止吗？

迄今为止，彻底摧毁破败的文明一直是群众最明显的任务之一。这不仅是今天才能追寻的迹象。历史告诉我们，一旦文明所依托的道德力量失势，文明的终极消解总是由无意识的群众完成的，他们被称为野蛮人，不无道理。迄今的一切文明都是由少数精神贵族创造和指引的。文明需要固化的规矩和纪律、从本能到理性状态的过渡、对未来的预见以及高雅的文化。凭借自身的力量，群众绝不可能实现所有这些。群众的力量全然是破坏性的，其作用像细菌，加速病弱者或死尸的消解。文明的结构腐烂时，使它倾覆的总是群众。只有在这个关键时刻，群众的主要使命才是清晰可见的。值此时刻，人多势众的原则似乎成了唯一的历史法则。

同样的命运即将降临我们的文明吗？有理由担心，情况正是这样，不过我们尚不能肯定。

无论情况如何，我们都只好听命于群众的支配。由于缺乏远见，障碍被一次又一次地清除，这些障碍本来是可以遏制群众的。

我们对这样的群众知之甚少，而它们，正在成为热门话题。专业的心理学家一向远离群众，忽视群众，虽然近年来把注意力转向了群众，但他们考虑的仅仅是群众可能犯的罪。无疑，所谓犯罪的群众是存在的，但我们邂逅的群众也可能是其他类型的群众，比如道德高尚的、英勇无畏的群众。犯罪仅仅是群众心理的一个特殊阶段。只研究群众犯罪，断不能了解群众心理的构成，就像不能通过描绘一个人的劣习来了解这个人一样。

然而，事实上，世上的一切大师、宗教创立者、帝国缔造者，以及一切宗教使徒和杰出的政治家都是不自觉的心理学家。在档次较低的领域，群体里的小头目虽不自觉，却也深谙这样的心理。他们有一种本能，深知群众的特征；据此，他们轻易地确立了自己驾驭群众的地位。拿破仑对法国的群众心理有非凡的洞察力，但有时他对另一些种族的群众的心理，却完全误解了。①由于这样的误解，在征讨西班牙尤其是俄国时，他遭遇冲突，频频受挫，在短时间内遭遇到毁灭性打击。今天，驾驭群众正在变为难题，政界人士不再想统治群众，只求不太受制于群众；对他们而言，群众心理学的知识已经成了最后的资源。

拿破仑从俄国撤退。

只有对群众心理有一定的洞察，我们才能理解，法律和制度对群众的作用是多么微不足道，也才能理解，除了强加于他们的意见之外，他们根本无力提出自己的意见。若要引导群众，建立

---

① 他最精明的高参对群众心理的了解也并不比他强。塔列朗（Talleyrand）写道，"西班牙将欢迎拿破仑的士兵，将其视为解放者"。实际上，西班牙人把他们视为猎杀的对象。了解西班牙人遗传本能的心理学家必然能预见到这样的"欢迎"。

在纯粹平等理论基础上的原则是绝对行不通的；给群众留下深刻的印象，诱惑他们，才能引导群众。试举一例，若想课一新税，立法者应该选择理论上最合理的方式吗？绝对不行。对群众来说，最不合理的似乎才是最好的。只有最不清楚、表面上负担最轻的税才是最容易容忍的。因此，间接税不管多高，总是能被群众接受，因为每天为日常消费品支付一点税金，不会干扰群众的习惯。于是，在不知不觉间，这样的消费税就畅行无阻了。倘若代之以一揽子征税，比如工资或收入的比例税，即使理论上其征收的税额不到消费税的十分之一，那也会激起群众的一致抗议。事实是，相对高的一揽子税金看上去确是一笔巨款，刺激了人们想象的神经，因此被难以察觉的零星消费税取代了。新的消费税看起来负担轻，因为税费是一点点支付的。清算这种经济账需要远见，而群众是没有这种远见的。

上述例子最为简单，其适用性很容易被感觉到。它未能逃脱拿破仑这位心理学家的眼睛。然而，对于群众的特点，当代的立法者一无所知，难以理解。经验尚未使他们充分认识到，人们从来不是根据纯粹的理性来决定如何行动的。

群众心理学还有许多其他的实际用途。稍许的了解也能给人生动的启示，使人认清大量的历史现象和经济现象；而如果不懂群众心理，这些现象就完全不可理解了。我将有机会证明，最杰出的现代史学家泰纳，有时对法国大革命期间的事件的理解也多有疏漏，这是因为他从来没有想到去研究群众的禀性。在研究这

伊波利特·泰纳（Hippolyte Taine，1828—1893），19世纪法国实证主义代表人物、文学批评家、历史学家，著有《当代法国的源头》《19世纪的法国哲学家》等。

个极为复杂的时代时，他以博物学家白描的手法为指南。在博物学家研究的现象中，道德的力量几乎是不存在的。然而，构成历史真正主流的，正是这些道德的力量。

因此，只从实践的角度看，群众心理学就很值得研究。即使出于纯粹的好奇，也值得对它加以关注。破译人们的行为的动机，就像确定某种矿物或植物的属性一样有趣。我们对群众特性的研究只能算是一种概括，是对我们的调查的一个简单总结。除了一些建议性的观点外，对它不必抱有太多的期望。其他人会进行更细致的研究。今天，我们不过是触及了一片处女地的表层，仅此而已。

第一部分　群众心理

第一章　群众的一般特征：
群众心理同一律

经典名句

- ◆ 心理群众由异质成分组成，只是一种暂时现象。人们一旦结为一体，就获得了特有的心理特征，就像细胞构成生命体一样。在新的生命体中重聚的细胞与单个的细胞截然不同，它们表现出全然不同的新特点。
- ◆ 群体里积累的只有愚蠢，而不是天生的智慧。如果"整个世界"指的是若干个群众的集合，那就根本不像常言所说的那样，整个世界比伏尔泰聪明，而肯定要说，伏尔泰比"整个世界"更聪明。
- ◆ 孤立时，他可能是文雅人；一旦进入群众，他就成了野蛮人，靠本能行事。

1789年7月14日,巴黎人民攻占巴士底狱。

就常用意义而言,"群众"指的是个人的聚集,无论其民族、职业、性别如何,无论其聚集的机遇如何。然而,从心理学的观点看,"群众"含有截然不同的意义。在特定情况下,也只有在特定情况下,群众表现出全新的特点,与其中的个人的特点别若云泥。群众里的个人的情感和意念完全一致,自觉的个性化为乌有,集体心理随即形成。无疑,集体心理是短暂的,但是它呈现出被清楚界定的特征。因此,在没有一个更好的表述的情况下,我们姑且将聚集的人称为"有组织的群众",也许,一个更可取的术语是"心理群众"(psychological crowd)。它催生了一种独特的群体,受制于"群众心理同一律"(law of the mental unity of crowds)。

显然,许多人偶然地肩并肩相聚,却未必就能获得有组织的群众的特征。即使上千人在一个公共场所偶然相聚,由于无确定的目标,从心理学的观点看,他们也不能构成有组织的群众。若要获得群众的特征,一些前提条件要发挥作用,我们要确定这些条件的性质。

自觉的个性消失,思想和感情对准明确的方向,这是即将形成的有组织的群众的首要特征。要形成这些特征并非总是需要许多人同时聚集在同一地点。有的时候，由于激情的主导，比如受国家大事的影响，成千上万孤立的个人有可能获得心理群众的特征。在这种情况下，一个偶然事件就足以使他们聚在一起，其行为立刻获得群众的特征。有时，五六个人就足以构成心理群众，相反，数以百计的人偶然的聚集也未必会结成群众。另一方面，全民族未必是一望而知的聚合体，但在某些影响的作用下，它也会变成有组织的群众。

心理群众一旦形成，就获得一些暂时性特征，但这些特征是可以判明的普遍特征。此外，还有与普遍特征毗连的一些具体特征；具体特征因群众的组成要素不同而有所不同，却又可能改变群众的心理构成。此外，心理群众是可以分类的。进行分类时，我们看到，异质性群众与同质性群众表现出一些相同的特征；异质性群众由不同的成分组成，同质性群众由大体相同的成分组成，这些成分包括宗派、等级或阶层等。除了相同的特征之外，这两类群众各有其特点。

不过，在详述群众的类别之前，我们要首先考察其共同特征。我们像博物学家那样入手，先描绘生物大家庭的共同特征，然后细察使种属分殊的具体特征。

精确描绘群众心理很不容易，因为其组织机理由于种族和构造成分的不同而有所不同，还因其所受刺激的性质和强度而变化。不过，对个体心理的研究也遭遇了同样的困难。只有在小说里，我们才能看见，个人终其一生的性格都维持不变。唯有环境的一致性方能造成明显的性格一致性。我在其他著作中指出，一切心理结构都包含着各种性格的可能性，环境的突变将使之暴露无遗。这就可以解释，为何法国国民公会里最野蛮的代表原来都是谦和的公民。在平常情况下，他们会是平和的公证人或公正的法官。风暴过后，他们又恢复了正常的性格，成为平和而守法的公民。拿破仑在他们身上看到了他最恭顺的臣仆的影子。

> 国民公会（National Convention, 1792—1795），法国大革命时期的最高立法机构，在法兰西第一共和国初期拥有行政权和立法权。

这里不可能研究群众的不同程度的组织阶段，我们更关注达到完全组织化阶段的群体。如此，我们就可以看到群众会变成什么样子，而不是一贯如此的样子。只有在这个组织程度的高级阶段，在不变和主导的种族特征之上才会叠加某些新的特征。只有到了这个阶段，上文所示集体的思想感情瞄准同一方向的事情才会发生。同理，只有在这样的情况下，我所谓的群众心理同一律才能起作用。

群众的心理特征有些可能与孤立个人的特征相同，有一些则绝对为群众所特有，因此只能在集体里看到。我们将研究群众特有的心理特征，以揭示其重要性。

群众心理最显著的特点是：无论其中的个人是谁，无论其生活方式是否相同，无论其职业、性格或智力是否相同，一旦结成群众,他们便获得了一种群众心理;因此,他们的感情、思想和行为就和孤立时的个人截然不同。如果不是个人结成了群众,有些思想感情不可能存在,也不可能转化为行动。心理群众由异质成分组成,只是一种暂时现象。人们一旦结为一体,就获得了特有的心理特征,就像细胞构成生命体一样。在新的生命体中重聚的细胞与单个的细胞截然不同,它们表现出全然不同的新特点。

从睿智哲人赫伯特·斯宾塞的笔端流淌出的一个观点,着实令人吃惊。他认为,在群众的聚合体里,有一个构造成分的总和或平均值。事实正好相反。真正发生的现象是新特征的出现和随之而来的结合,这颇像化学元素接触时所起的变化。比如,碱和酸结合形成的新物质的属性就和参与化学反应的元素有云泥之别。

赫伯特·斯宾塞(Herbert Spencer, 1820—1903),英国哲学家、社会学家。他将进化论引入社会学,提出"适者生存"说,著有《综合哲学》《生物学原理》等。

组成群众的个人与孤立的个人不同,证明这一点相当容易,但找出这种差异的原因,却不那么容易。

即使只想对这些原因稍做了解,首先也要记住现代心理学确定的真理:无意识现象的主导作用不仅表现在有机体生命过程中,而且表现在智力活动中。相比于精神生活中的无意识因素,有意识因素只起很小的作用。即使最精细的分析家和最敏锐的观察家，至多不过能找出很少一点支配个人的行为的无意识动机。我们有意识的行为是无意识的底层的产物，无意识的底层主要受遗传因素的影响，由无数代代相传的共同特征组成，构成种族的禀性。毫无疑问，在我们宣告的行为原因背后，隐藏着许多我们尚未说明的原因，而且其背后还有许多其他我们一无所知的神秘原因。我们的大多数日常行为，都是由我们未曾留意的隐蔽动机催生的。

无意识元素构成种族的先天禀性，尤其在这个方面，种族的所有个体成员都十分相似。他们的差异主要表现为他们性格中的有意识元素，有意识元素是教育的结果，同时也是独特的遗传条件造成的。即使智力相差悬殊的人，在本能、热情和情感上也是非常相似的。在思想感情，如宗教、政治、道德、爱憎等各个方面，人中俊杰比凡夫俗子也难得高明多少。从智力上看，一个伟大的数学家和他的鞋匠之间可能有天渊之别，然而，从性格上来看，他们的差异可能微乎其微，甚至根本就不存在。

对支配这些共同特征的力量，我们浑然不知。在同一种族的正常个人中，这些共同特征大体相同。我认为，这些共同特征成为群众的共同属性。在集体心理中，个人的智力和个性被削弱了。异质性被同质性淹没，无意识的属性占了上风。

群众共同的特征是只有平庸的品质，这足以解释，为何群众不能完成需要高智力的工作。影响普遍利益的决策，要由杰出人士聚首拍板。然而，各行各业专家的决策，未必比一群白痴的决定高明多少。实际上，处理手头的工作时，专家所能调动的只不过是每个普通人都拥有的与生俱来的平庸才智。群体里积累的只有愚蠢，而不是天生的智慧。如果"整个世界"指的是若干个群众的集合，那就根本不像常言所说的那样，整个世界比伏尔泰聪明，而肯定要说，伏尔泰比"整个世界"更聪明。

如果群众里的个人仅仅把每个人都具有的平常的品质放在一起，那就只会产生明显的平庸，而不会像我们说过的那样，创造出新的特点。这些新特点是如何形成的呢？这就是我们即将研究的问题。

这些新特点为群众所独有，孤立的个人不会有。决定这些新特点的原因各有不同。首先，即使仅从数量上考虑，群众里的个人也会感觉到一种势不可当的力量，这使他屈从于本能；独自一人时，本能必然是受控制的。一旦群众形成，个人就很难约束自己不产生这样的念头：群众有匿名性，个人不负责任。因此，约束着个人的责任感便荡然无存了。

第二个原因是传染。这一现象既决定了群众所表现出的特征，也决定了群众发展的趋势。传染容易确认，却不容易解释。它只能属于催眠术一级的现象，我们稍后就介绍催眠术。群众里的一切情感和行为都有传染性，其强度之烈足以使个人乐意为集体利益而牺牲个人利益。这是与个人天性背道而驰的倾向。如果不是因为成为群众的一员，人很难具有这样的倾向。

第三个原因最为重要，它决定着群众里个人的特征。有时，这样的特征和个人在孤立状态下表现出来的特征截然相对。我说的这个特征是暗示性,暗示正是传染的结果。

若想理解暗示现象,那就必须记住最新的生理学发现。我们今天知道,借用多种办法,个人可以被带进这样一种状态:完全丧失自觉的人格,服从操控者的暗示,被他剥夺人格,百依百顺,其行为举止和平常的性格和习惯极端矛盾。仔细的观察似乎证实,长时间浸淫在群众行动里的个人不久就会发现,自己进入了一种特殊状态,原因可能是群众的强大吸引力,也可能是其他我们无从知道的原因。这一状态类似于被催眠者在催眠师的操纵下进入的迷幻状态。被催眠时,大脑活动瘫痪,人成为脊髓神经无意识活动的奴仆,受催眠师任意操纵。此时,自觉的人格荡然无存,意志和辨别力也丧失殆尽。一切感情和思想都转移到催眠师决定的方向上。

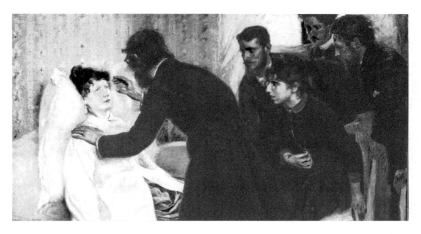

催眠的场景

大体上，心理群众里的个人也处在这种状态中。他无法意识到自己的行为。在这样的情况下，就像被催眠的人一样，他的一些能力遭到破坏，另一些能力却得到极大的强化。在某种暗示的影响下，他完成一些行为，急躁冲动，不能自已。群众中的冲动，比催眠状态下的冲动更难以抗拒，其原因是，暗示对群众里的每个人都起作用，又因为人们的相互作用而得到加强。在群众里，保留鲜明个性、足以逆潮流而动的个人寥寥无几。充其量，他们只能借助其他的暗示，以偏离群众冲动的潮流。有时候，一个愉快的表情、一个及时被唤醒的形象，就能起到震慑作用，并阻止群众最血腥的暴行。

于是我们看到，自觉的个性消失，不自觉的个性得势，暗示和传染使思想感情转到同一个方向，暗示的观念转化为行动的倾向出现了。所有这些现象都是构成群众的个人的主要特征。个人再也不是他自己，他变成了一个机器人，不再受自己的意志支配。

而且，个人成为有组织群众的构造成分，仅此一点就使他在文明的阶梯上降低了几格。孤立时，他可能是文雅人；一旦进入群众，他就成了野蛮人，靠本能行事。他率性而为，狂暴，凶猛，也像原始人那样热情和英勇。作为孤立的个体时，词语和形象可能对他不起作用；一旦进入群众，任何词语和形象都令他印象深刻，这一点和原始人更为相像。他受引诱做出的举动和他显而易见的利益背道而驰，和他最为人熟知的习惯截然矛盾。群众里的个人是一粒沙子，淹没在无数的沙子中，任由狂风席卷。

因此，单个陪审员不会赞成的判决，提交陪审团时却通过了；议员个人不赞同的法律和议案，议会却通过了。如果分开来看，国民公会的委员都是平和而有见识的公民。一旦结为群众，他们却迫不及待地支持最野蛮的议案，把完全清白无辜的人送上断头台；他们不惜与自己的利益背道而驰，放弃自己不可侵犯的权利，在自己人中间也滥杀无辜。

群众里的个人在行动上也会背离自己的本性。不仅如此，就在他完全丧失独立性之前，他的思想感情业已变化。而且，这种变化极其深刻，足以让守财奴变成败家子，使无神论者变成教徒，把诚信之人变成罪犯，把懦夫变成英雄。在1789年8月4日那个著名的夜晚，法国的贵族激情澎湃，毅然投票放弃了自己的特权。如果让任何一个人单独做出决定，没有一个成员会表示同意。

从以上所述可得出如下结论：群众的智力不如孤立的个人。但从感情和感情所激发的行为来看，群众表现的好坏取决于环境，完全取决于群众所接触的暗示。从刑事犯罪学的角度研究群众的学者，完全误解了这一点。无疑，群众常常会犯罪，但群众也常常英勇无畏。为信念和思想的胜利而慷慨赴死的，往往是群众而不是孤立的个体。荣誉和荣光使群众热情洋溢。在十字军（Crusaders）时代，在几乎没有粮草和武器的情况下，为了向异教徒讨还基督的墓地，他们前赴后继。1793年，为了捍卫祖国，他们英勇献身。无疑，这种英雄主义有一点无意识的成分，然而，正是这种英雄主义创造了历史。如果人民以冷静的态度去办大事，世界史上就不会留下多少有关丰功伟绩的记录了。

1793年5月31日和6月2日，巴黎人民组织了暴动。

第二章　群众的情绪与道德

经典名句

- 群众总是在无意识的边缘徘徊，随时听命于一切暗示，心怀狂躁情绪，不受理性影响，丧失批判能力；如此，除了极端的轻信，就别无其他可能了。

- 和原始人一样，群众的保守本能坚不可摧。他们对一切传统的拜物教式的崇敬是绝对的；对一切有可能改变其基本生存状态的新鲜事，他们的无意识恐惧是根深蒂固的。倘若民主制度能够拥有像今天这样强大的力量，那么，纺织机、蒸汽机和铁路就都不会发明出来，或者是在持续的革命和屠杀之后才会被发明出来。

- 群众经常放纵自己低劣的本能，但有时又树立崇高的道德典范。倘若无私、辞让、对真实或虚幻理想的绝对忠诚被纳入美德的范畴，那么就可以说，群众具有这些美德，而且即使哲人也难以达到他们的高度。

1792年8月10日,巴黎群众冲击杜伊勒里宫。

上一章泛论群众的主要特点，这一章详细研究群众的特征。

可以说，群众的一些特征，比如冲动、急躁、推理能力差、判断力和批判精神的缺失、情感的夸张等，总是见诸低级进化形态的生命中，比如妇女、野蛮人和儿童。但这个比方只能在本书中点到为止，详细的证明非这本小书所能企及。此外，这对于熟悉原始人心理的人毫无用处，也很难让对此一无所知的人相信。

我现在逐一介绍见诸大多数群众的特征。

一、群众的冲动、易变和急躁

第一章研究群众的基本特征时，我们说，群众几乎完全接受无意识动机的指引。其行为主要是受脊髓的影响，而不是受大脑的影响。在这方面，群众与原始人非常相似。其行为本身可能完美，却不受大脑的指挥；相反，孤立的个人却根据外部刺激因素来决定自己的行动。群众是外部刺激因素的奴仆，并反映出外部刺激的不断变化。群众是冲动的奴仆。孤立的个人也受相同的刺激因素的影响，但他的大脑会告诉他，屈从于刺激因素并不可取，所以他约束自己不受摆布。用生理学的术语来说，道理在于，孤立的个人有能力主宰自己的反射行为，而群众就缺乏这样的能力。

有诸多原因可以刺激群众，群众顺从的冲动可以是慷慨的或残忍的、英勇的或懦弱的，但冲动总是势不可当，以至于个人利益乃至对生命的保全都难以占上风。刺激因素多种多样，群众又总是顺从，所以群众也极为多变。这足以解释为什么在转瞬之间，群众会从最血腥的狂热状态转为极端的慷慨和英勇无畏。群众很容易扮演刽子手的角色，同样很容易慷慨赴死。正是群众，为了信仰的胜利而不惜血流成河。若想了解群众流血牺牲的壮举，我们不必回顾英雄时代。揭竿而起时，群众绝不吝惜自己的生命。不久前，一位将军声名鹊起，很容易就找到成千上万的追随者；只要他一声令下，他们就不惜为他的事业而流血牺牲。

因此，群众根本不会三思而行。驱动他们的情绪可能会前后矛盾，他们总是受眼前那一刻的刺激因素的影响。他们像被大风卷起的落叶，四处飘散，落在地上。下面研究革命群体时，我们将举例说明，群众的情感变幻不定。

群众易变，难以管束。当一部分公共权力掌握在他们手中时，尤其如此。若不是日常生活中的必要事物对生存构成隐形约束，民主制是难以持久的。群众的愿望狂热，却不能持久。群众缺乏持久的意志力，也不能深谋远虑。

群众不仅冲动而且多变。群众宛若野蛮人，不愿意承认愿望和愿望的实现之间有障碍。因为觉得人多势众、锐不可当，所以群众不能理解这样的障碍。对群众里的个人而言，不可能的概念根本不存在。孤单的个人很清楚，他靠单枪匹马难以焚烧宫殿或洗劫店铺。即使面对这样的诱惑，他也容易抵挡。一旦成为群众的一员，他就会意识到人多势众的力量，这足以使他产生杀人越货的念头，并且会立即屈从于这种诱惑。意料之外的障碍在狂怒中灰飞烟灭。倘若人体能忍受无止境的狂热激情，那就不妨说，群众的愿望受阻时的常态就是狂热激情的状态。

我们的所有情感都有一个永恒的源头，那就是种族的基本特征。群众的急躁、冲动和多变，都受到这些特征的影响。我们所研究的所有群众情感也都会受到这些特征的影响。无疑，一切群众都急躁而冲动，但程度却大不相同。比如，拉丁国家的群众和英国的群众就很不相同。在这一点上，法国历史最近的事实给人以生动的启示。25 年前，有一份

> 拉丁国家，指意大利、西班牙、葡萄牙、法国等。

电报被披露出来，内容大概是某位大使受到了羞辱，结果群情激奋，甚至引发了一场可怕的战争。几年后，一纸关于谅山（Langson）战役小挫败的电文，再次激起法国人的怒火，政府顷刻间垮台。相反，就在同时，英军远征喀土穆受重挫时，英国人只有轻微的情绪波动，没有一个大臣因此下台。普天之下的群众都有阴柔的特点，拉丁群众尤其如此。凡是信赖他们的人都会迅速攀上命运之巅峰，然而这无异于身处悬崖绝壁，随时可能跌入万丈深渊。

二、群众容易轻信，易受暗示影响

上文界定群众时曾说，其普遍特征之一是极易接受暗示；我们还说明了，在一切人类集群中，暗示的传染性能达到很高的程度。这可以解释群众的情感何以会向特定方向迅速转变。有人认为暗示无足轻重，然而总体上，群众总是期待他人注意，既然处在这样的状态，暗示就很容易起作用。暗示一起，旋即靠传染机制植入群众的头脑，无一例外，群众情绪的完全一致立即实现。

进入大脑中的念头会自动变为行动，每个处在暗示影响下的人都能体会到这个过程。无论这一行动是纵火焚烧宫殿还是做出自我牺牲，群众都会闻风而动，在所不辞。所有这一切都取决于刺激因素的性质。而当一个人独处时，情况就不一样。这时，他会思考自己因受刺激而要采取的行动和所有要这么做的原因之间的关系。而结果往往是，他会放弃采取行动。

如此，群众总是在无意识的边缘徘徊，随时听命于一切暗示，心怀狂躁情绪，不受理性影响，丧失批判能力；如此，除了极端的轻信，就别无其他可能了。在群众里，不可能办到的事情是不存在的。牢记这一点，你就能够理解为何子虚乌有的神奇故事能被编造、传播且不胫而走。①

---

① 经历过巴黎被围困的人都目睹了这种轻信的许多实例。高楼窗户里的一簇烛光立即被人们当作发给攻城者的信号。不过，略一思索人们就发现，在几英里以外根本看不见这样的烛光。

编造出来的故事在群众里迅速流传，不仅是因为群众极端轻信；另一个原因是，在群众的幻想里，事件被严重扭曲。在众目睽睽之下，最简单的事情很快就会面目全非。群众使用形象思维，而一个形象迅速唤起一连串形象，其中并无任何逻辑联系。我们很容易设想这种状况。有时，我们回忆一件事时，一连串奇怪的念头会涌上心头。理性告诉我们，这些形象之间没有任何连贯性。但群众对这个事实视若无睹，真实的事件和叠加其上的幻觉就混为一谈了。群众很少区分主观和客观，总是把脑子里的幻象当作真相，尽管这些幻象和眼前的事实只有微乎其微的关系。

按理说，群众对事件进行扭曲的方式应该是多种多样的，毕竟，群众中的每个人都有独特的性格特点。然而，事实却并非如此。在传染的作用下，人们扭曲事件的方式完全相同，在任何群体的个人身上体现出同样的特点。

在群众里，首先在一个人身上发生的扭曲成为传染性暗示过程的起点。在十字军战士的眼前，圣乔治的形象出现在耶路撒冷的墙上。在此之前，这一形象肯定是在场的一个战士首先想象出来的。通过暗示和传染，由个人编造的奇迹立即被所有人接受了。

相传，圣乔治（St. George）是罗马帝国时代近东地区的一位基督徒，杀死了贻害民众的毒龙，深受爱戴，其形象在西方随处可见。

历史上频繁出现这样的集体幻觉，

第二章 群众的情绪与道德 ┊ 031

其机制总是如此。幻觉似乎具有一切公认的真实性的特点，因为它们是成千上万人目睹的现象。

若要反驳以上断言，群众里个人的智力水平如何是不必加以考虑的。在这里，个人的智力毫无意义。一旦成为群众的一员，智者和愚夫一样，都失去了观察的能力。

这一论断看似吊诡。若要证明其不容置疑，必须研究大量的历史事实，即使卷帙浩繁的论著亦不敷此任。

尽管如此，我也不想给读者留下毫无根据的印象。我要从众多的例子里随便撷取几例，这些都是可以令人信服的例子。

以下事实最为典型，因为它取自一个典型的集体幻觉，这是使群众受害的集体幻觉。群众中包含各色各样的个人，从最愚昧到最博学的人，无所不有。这是海军上尉朱利安·费利克斯（Julian Felix）在他的《海流》（*Sea Currents*）一书中述及的事情，《科学杂志》（*Revue Scientifique*）过去曾经引用。

护卫舰"贝勒·波拉"号正在海上搜寻在风暴中失散的巡洋舰"波索"号。万里无云，阳光明媚。突然，瞭望兵发出信号，表示看到了一艘抛锚的船舶。护卫舰官兵顺着信号指示的方向望去，清楚地看见一只载满了人的木筏，被几只船拖着，船上的人正在发出求救信号。然而，这不过是一种集体幻觉。德斯弗斯上将放下一条船去营救遇难的水手。到达目标时，船上的官兵看到"有一大群移动的人挥手呼救，听到许多混乱而沉闷的声音"。到达目标时，官兵们却发现，那不过是几根带枝叶的树干，是从附近海岸漂过来的。在显而易见的事实面前，他们的幻觉即刻消失。

在这个事例中，我们清楚地看到，刚才解释的集体幻觉在起作用。一方面，我们看到一群人满怀期盼；另一方面，瞭望兵发现遇难船只的信号成为一个暗示。由于相互传染的机制，全体官兵都接受了这个暗示。

亲眼所见可化为乌有，真实的事情可被与其无关的幻觉取代——视觉幻象发生时无须人数众多的群众。一旦相聚，几个人也可能构成群众。尽管其中的个人可能是饱学之士，但只要他们在专长之外获得了群众的特征，他们就构成群众，个人具有的观察能力和批判精神就会立即消失。机敏的心理学家达维（Davey）先生提供了一个非常奇妙的例子，用在这里恰到好处。最近的《心理学年鉴》（*Annales des Sciences Psychiques*）记录了这一案例。有一次，他邀请一群杰出的观察家与会，其中包括英国最著名的科学家华莱士。达维先生打算当众展示神迹。在此之前，他先让在场者仔细检查他的道具，并任意做出标记，然后，他开始表演灵魂现形、盘上书写等，并请大家做记录。随后，他陆续从这些杰出的观察

华莱士（Alfred Russel Wallace, 1823—1913），英国博物学家、进化论创始人，与达尔文齐名，著有《自然选择论文稿》《马来群岛》等。

家手中收回他们所做的书面记录。记录均标明,这些现象只有通过超自然的手段才能获得。然后,达维向他们展示,这不过是简单的幻术而已。这次表演的记录者写道,"达维先生的研究中最令人吃惊的不是幻术的神奇,而是不懂催眠术的目击者笔端报告的极端虚伪性"。他接着写道,"即使众多的目击者也可能罗列完全错误的条件关系,其结果是,如果他们描绘的文字被认为是准确的,他们描绘的现象就不能用幻术来解释。达维先生发明的方法非常简单,他的大胆令人吃惊。他拥有支配许多人的大脑的能力,能使人相信自己看到了实际上没有看见的事情"。在这里,我们看到催眠师控制被催眠者的能力,催眠术总是这样的。况且,受影响的脑子属于优秀的科学家,而且事先还请他们抱怀疑的态度。如此,用幻术欺骗普通的群众会是多么轻而易举,就容易理解了。

  类似的例子不胜枚举。写到这里时,报纸上正充斥着两个小女孩在塞纳河溺水身亡的报道。有五六个目击者言之凿凿,说他们知道这两个孩子是谁。所有的证词如出一辙,不容预审法官再有丝毫怀疑。于是,他签署了死亡证明。然而,就在人们准备为这两个孩子举行葬礼时,大家突然发现,其实她们还活着,而且各项特征都与死者相去甚远。这和上文所举的几个例子一样,提供第一份证词的人自己就是幻觉的牺牲品,而他的证词足以对其他目击者产生影响。

  在类似的事情中,暗示总是起源于由于一个人的模糊记忆产生的幻觉,由此而产生的传染机制肯定了初始的幻觉。如果第一个目击者是一个很容易受外界影响的人,他就会坚称他所辨认出来的尸体带有某些外部特征,比如一块伤疤,或者一些服饰上的特征。当然,这些特征都不具有绝对的说服力。而他的说辞会立刻引发其他目击者的联想。由此产生的想法会成为一个"晶体"的核心,它损害理解力,麻痹一切判断力。观察者看到的不再是客体本身,而是脑子里浮现的形象。如此,暗示和传染机制就可以解释如下事例:母亲错认自己的孩子的尸体。这是一桩报纸重刊的旧案,从中可以看到,我们刚才指出的两种暗示机制是如何起作用的。

一个孩子认出了死去的孩子,但他搞错了。于是,一连串错认随即开始。

奇异的事发生了。在学童辨认出尸体的第二天,一个妇女惊呼:"天哪,那是我的孩子。"

她被带到尸体跟前,检查了衣服,并注意到孩子额头上的伤疤,接着说,"肯定是我儿子,他去年7月失踪,一定是被人拐走杀害了"。

这个女人是福尔街的看门人,叫夏凡德雷。孩子的叔叔也被叫了来。问到他时,他说,"这就是小费利贝"。几位邻居也认为,在拉弗莱特找到的这个孩子就是费利贝·夏凡德雷。孩子的老师也认出了小费利贝，其根据是那孩子佩带的一枚徽章。

尽管如此，邻居、叔叔、老师和母亲全都错了。六个星期以后，死者的身份得到了确认。他是波尔多人，在当地被人杀害，又被一伙人运到了巴黎。

应该注意的是，做出这种误认的经常是妇女和儿童，这绝对是一群最容易受影响的人。这也说明出庭作证的妇女和儿童有何价值。尤其是儿童，绝不能把他们的证词当真。法官总是习惯于说，儿童不会撒谎。然而，倘若法官有一点基本的心理学素养，他们就会知道，事情恰恰相反，儿童常常撒谎。无疑，这是无恶意的谎言，但谎言毕竟是谎言。通常，用扔硬币的办法来决定被告的命运，也比采纳儿童的证词合理。

回头说群众的观察力。我们的结论是，他们的集体观察极可能出错。通常，这样的观察代表的是一个人的错觉；通过传染机制，他把暗示传递给群众里的其他人。群众的证词极不可靠，事实证明，其错误的严重程度可能无以复加。在25年前著名的色当战役中，数千骑兵冲锋抗敌。然而，面对互相矛盾的目击者证词，根本不能确定，究竟谁是指挥官。英国将军沃尔斯利爵士（Lord Wolseley）在最近的一本书中说明，迄今为止，最严重的错误是有关滑铁卢战役中最重大事件的记述错误，而事件的真实情况曾得到数以百计目击者的证实。①

以上事实可以证明来自群众的证词价值何在。逻辑学著作把众口一词的证据纳入最有力的证词的范畴，断言这足以证明事实的准确性。然而，群众心理学告诉我们，在这一点上，逻辑学著作需要重写。最让人疑窦丛生的事件，肯定是那些观察者人数最多的事件。如果我们说，一件事已经得到了数以千计的人的证实，在通常的情况下，那就等于说，真相和人们普遍接受的版本已经相去甚远了。

以上例证的结论显而易见：历史著作应该被视为纯想象的产物。它们是对观察有误的事实富于幻想的记述，伴有对反思之结果的解释。写这样的书绝对是浪费时间。倘若历史没有给我们留下文学、艺术等领域的不朽成果，我们对往昔的真相便一无所知。对于那些在人类历史上发挥过重大作用的伟大人物，如赫拉克利特、释迦牟尼或穆罕默德，关于他们的生平，我们掌握了一

---

① 仅就一场战役而言，我们知道它是如何发生的吗？对此，我深表怀疑。我们知道谁是征服者，谁是被征服者，大概仅此而已。德·阿尔古（D'Harcourt）先生关于索尔弗利诺战役（battle of Solferion）的描述很有代表性，适用于很多类似的情况。阿尔古先生目睹了这场战役的发生，甚至亲身参与其中。他是这样写的："将军们（在得到了数以百计的目击者的汇报之后）提交了他们的官方报告；值班的指挥官略加修正，完成定稿；总参谋长提出反对意见，并在一个全新的基础上重新撰写报告。然后，报告被呈交给元帅，元帅说：'你们大错特错'，他又以一个完全不同的版本取而代之。最初那份报告中的内容几乎不见踪影。"阿尔古先生说这些是要证明，即使是那些最显著的、被最细致地观察过的事件，要呈现出其真相也是不可能的。

句真实的记录吗？很可能一句也没有。况且事实上，他们的真实生平对我们并不重要。我们感兴趣的是要了解，流行的传说如何表现历史伟人。让群众印象深刻的英雄是传奇式英雄，而从来都不是真实的英雄。

遗憾的是，传说虽然被书籍明确地记载，本身却无稳定性可言。随着时光的流逝，特别是由于种族的缘故，群众的想象力使传说不断变化。《旧约全书》里血腥的耶和华与圣特里萨（Saint Thérèse）讴歌的爱的上帝，别若天壤；中国人崇拜的佛祖与印度人所尊奉的佛祖，几无共同之处。

关于英雄的传说在群众的想象力中不断变化，这一过程无须数百年。有时，几年之内就可能发生这样的变化。在当代，我们就看到，仅仅在五十年之内，关于一位历史上伟大的英雄的传说就几经改变。在波旁王朝期间，拿破仑是田园牧歌般的、自由主义式的慈善家，是普通老百姓的朋友，按照诗歌中的传唱，乡下人会永远记住他。三十年之后，这个和善的英雄人物竟然一变而为嗜血成性的暴君。就是这个人，仅仅为了满足自己的野心，就篡夺权力，摧毁自由，甚至屠杀了三百万人民。如今，我们看到，这个神话又在经历新的演化。数千年之后，当博学之士面对这些矛盾百出的叙述，也许会面

23岁的拿破仑，在科西嘉岛的军营中。

面相觑,进而怀疑,历史上是否真的有这样一个英雄人物。就好像现在有些人怀疑,是否有释迦牟尼这个人。也许,他们只能看到一个光彩照人的神话,或者一个由赫拉克利特式的传奇演变而来的故事。但是,当未来的博学之士面对这些不确定性的时候,他们一定会很容易地自我安慰。原因在于,相比于我们,未来的学者一定掌握了更多的关于群众心理学和群众的特点的知识,他们非常明白,除了神话,历史不可能保留任何记忆。

三、群众情绪的夸张与率直

无论好坏,群众的情感都表现出简单而夸张的双重特征。在这一点上,和在其他许多方面一样,群众里的个人类似原始人。他不能进行细致的区分,把许多事情视为一个整体,看不到它们的中间过渡状态。群众的情绪夸张,容易膨胀,一旦表现出来,任何情绪都能通过暗示和传染过程而迅速传播。如此一来,群众所明确赞扬的事物就会力量大增。

群众的情绪简单而夸张,其结果是,身陷其中的个人全然不知怀疑和不确定性为何物。和妇女一样,他们会迅速走向极端。一个怀疑的苗头可能立即转化为不容置疑的证据。反感或非难若出现在个人身上,不可能增加力度,一旦身陷群众,个人的反感或非难会立即转化为暴怒。

群众情感的暴烈程度也会增加,异质性群众的烈度尤其如此,因为群众的责任感荡然无存。群众免于惩罚,肯定如此,人越多越觉得法不责众。人多势众，一时人们觉得力量大增；于是，在孤立的个人身上不可能出现的情绪和行为就在群众里爆发了。一旦身陷群体，傻瓜、白痴和心怀妒忌的人，便摆脱了卑微无能的感觉，恶意缠身，一时觉得力大无朋，力量虽短暂却凶猛。

遗憾的是，群众的这种夸张倾向，常常作用于恶劣的情绪。这是原始人中本能的返祖现象的残留。孤立而负责的个人担心受罚，不得不控制这样的情绪。在恶劣情绪的支配下，群众很容易犯下最恶劣的极端罪行。

尽管如此，这并不意味着，在巧妙的影响下，群众不能表现出英雄主义、献身精神和最崇高的美德。相比于个人，他们更能表现出这种品格。下文研究群众的道德时，我们将回到这个话题。

群众的情感有夸张的倾向，唯有极端的情绪才能打动他们。希望鼓动群众的演说家必然滥用强硬的语言，主观武断。他们会夸大其词、言之凿凿、不断重复、绝不诉诸理性，所有这些，都是鼓动者发表成功演说的不二法门。

同时，群众对于自己仰慕的英雄，也怀有同样的夸张的感情。英雄显而易见的品质和美德总是要被放大的。曾经有人很客观地指出，群众要求舞台上的英雄展示出其在现实生活中不可能表现出来的勇气、道德和美好的品质。

在剧场看戏时，观众看事情有特殊的立场，重视这一立场很有必要。这样的立场无疑是存在的，但其规则多半与逻辑和常识无关。鼓动群众的艺术无疑是品格低下的，却需要特殊的才能。通过阅读剧本来解释一出戏何以能够成功，那是不可能的。刚接到一个剧本时，剧院经理通常并没有把握，这出戏上演后能否成功，因为如果要进行预判，他们必须把自己想象成观众。①

在这里，我们可以着手进行更广泛的解释。我们应该显示种族因素的压倒性影响。在一个国家引起热烈反响的一出戏，在另一国却可能一无所获，或略有收获，或成绩平庸，那是因为它未能影响另一群不同的公众。

无须赘言，群众夸张的倾向仅见于情绪，不见于智力问题。我们已经说明，一旦成为群众的一员，个人的智力水平立刻会大幅下降。在研究群众犯罪时，

"查理的姑妈"画像

---

① 因此就不难理解，为何有时一个剧本在被所有的剧院经理拒绝后，却因一个偶然的机会得以上演并大获成功。弗朗索瓦·戈贝（François Coppée）的戏《为了王冠》（*Pour la Couronne*）最近获得的成功已广为人知。尽管他大名鼎鼎，但是在过去的十年里，这个剧本被巴黎所有主要剧院的经理们拒之门外。

《查理的姑妈》（*Charley's Aunt*）被所有剧院拒绝，最后在一位股票经纪人的资助下才被搬上舞台。该剧在法国演出了200场，在伦敦上演了1000多场。剧院经理们都非常精明能干，而且在选择剧本的问题上十分小心，竭力避免犯错，但还是未能避免严重的误判。对于这个问题，我们只能用上面的论述来解释，也就是说，他们无法把自己想象成观众。我不能在这里详细论述这个问题，但是对于那些熟悉剧务又深知心理奥妙的作家来说，这是值得一试的题材。

博学的法官塔尔德（Tarde）也证实了这一现象。身陷群众时，人们的情绪会大起大落。

四、群众的偏执、专横和保守

群众只熟悉简单而极端的感情；面对他人的意见、想法和信念，他们或全盘接受，或彻底拒绝，将其视为绝对的真理或绝对的谬论。面对经过暗示诱导而不是经过推理产生的信念，群众总是抱这样的态度。人人都知道与宗教信仰相伴的不宽容及其对人脑的专制统治。

一方面，群众对何为真理何为谬误抱怀疑态度，另一方面，群众清楚地知道自己人多势众，所以群众既不宽容，又给自己的愿望赋予权威性。个人可以接受矛盾，参加讨论，而群众绝不会这样做。在公众集会上，哪怕只是进行最轻微的反驳，演讲人也会立刻招来怒吼和谩骂。而如果演讲人不知趣，继续坚持自己的观点，等待他的就会是拳脚相向和野蛮驱逐。实际上，如果没有权威代表在场加以约束，他通常会被打死。

专横和不宽容是各类群众的共同特征，但其强度各有不同。这里再次浮现出基本的种族概念，这是支配所有人的思想和感情的概念。在拉丁民族的群众中，专横和不宽容登峰造极，无以复加。实际上，在他们身上，个人独立的情感已被摧毁殆尽；而在盎格鲁-撒克逊民族中，个人独立的情感却非常强大。拉丁群众只关心自己教派的集体独立性，他们的独立概念很特殊，那就是要意见相左的人立刻绝对服从他们的信仰。在拉丁种族中，自宗教裁判所以降，对于何谓自由，各个时期的雅各宾党人从未有过另一种观念。

专横和不宽容是群众能清楚认识的情感；当有人在他们中间煽动起这种情绪时，他们很容易理解这些情感，并欣然将其付诸实践。群众敬畏强力，不为仁慈所动，觉得那是虚弱的表现形式。他们绝不同情随和的主子，反倒同情狠心压迫他们的暴君。他们总是为暴君竖立最宏伟的雕像。不错，他们乐意践踏失去权力的暴君，但那是因为暴君已沦为一介草民，受到蔑视，不再让人害怕了。群众崇敬的英雄，永远像个恺撒。他的权杖吸引着他们，他的权威威慑着他们，他的利剑让他们胆寒。

群众时刻准备反叛孱弱的首领，对强权者则俯首称臣。倘若强权时断时续，群众就被极端情绪所左右，急剧摇摆，反复无常，时而无法无天，时而奴颜婢膝。

然而，如果以为群众的革命本能处在主导地位，那就完全误解其心理了。让我们在这一点上受骗的，不过是其暴力倾向。群众的反叛和破坏行为的爆发总是十分短暂的，群众无意之间受种种顾虑的支配，并受制于世俗的等级制，不可能不极端保守。如果撒手不管任其为所欲为，群众很快就会对混乱感到厌倦，从而本能地转向恭顺谄媚。拿破仑·波拿巴压制一切自由、实行铁腕统治时，欢呼拥戴他的正是最桀骜不驯的雅各宾党人。

如果不充分考虑群众根深蒂固的保守本能，那就难以理解历史，尤其是民众的革命。诚然，群众可能渴望改换制度，为此目的，有时甚至会发动暴力革命。然而，旧制度的本质深刻地表达出了种族对等级制的需要，因此，毫无例外，群众会服从种族的需要。群众的多变只会影响到表面的事情。和原始人一样，群众的保守本能坚不可摧。他们对一切传统的拜物教式的崇敬是绝对的；对一切有可能改变其基本生存状态的新鲜事，他们的无意识恐惧是根深蒂固的。倘若民主制度能够拥有像今天这样强大的力量，那么，纺织机、蒸汽机和铁路就都不会发明出来，或者是在持续的革命和屠杀之后才会被发明出来。对于文明的进步而言，幸运的是，在伟大的科学发明和工业出现之后，群众的权力才开始形成。

五、群众的道德

倘若"道德"一词指的是对社会规约的恒久尊敬，对自私冲动的永久压制，那么显而易见的是，群众太冲动多变了，不可能有道德关怀。然而，如果我们把自我克制、自我牺牲、不计名利、献身精神和平等需求等品质包括在内，即使这些品质仅为短暂的表现，我们也可以说，群众有时表现出很高尚的道德品质。

研究过群众的心理学家为数不多。他们只着眼于群众的犯罪行为，只看到群众犯罪行为发生的高频率，所以他们的结论是，群众的道德水平十分低劣。

毫无疑问，这种情况经常存在。但为何会这样呢？原因只能是，我们野蛮和破坏的本能是原始时代的残留，这些本能蛰伏在我们每个人的身上。在孤立个体的生活中，满足这种本能会危及自己。然而，一旦融入不负责任的群众时，因为个人知道自己肯定会免于受罚，所以他就会彻底放纵自己，去追随群众。在日常生活中，因为不能向自己的同胞发泄破坏性本能，我们便把它发泄在动物身上。群众在捕猎时的狂热和残忍来自同一源头。群众往往慢慢杀死没有防卫能力的猎物，表现出十分懦弱的残忍。对哲学家而言，这种残忍与原始人的狩猎密切相关。他们携带猎犬几十个人一起出猎，追捕和杀死不幸的小鹿，从中取乐。

群众可能杀人放火，无恶不作，也可能有献身、牺牲和无私的壮举，这是孤立的个人根本不可能表现出的极崇高的行为。

对名誉、光荣和爱国主义的诉求，特别容易影响到组成群众的个人，常常达到令其牺牲生命的地步。十字军东征和1793年英法战争中的志愿者那样的事例，历史上比比皆是。唯有集体能表现出大公无私和忘我奉献的精神。群众为了一知半解的信仰、观念和只言片语而英勇献身，这样的壮举何止千万！罢工的群众与其说是为了增加一点养家糊口的工资，不如说是在服从命令。群众形成后，个人利益很难成为强大的动机；而对孤立的个人而言，个人利益几乎是唯一强大的动机。无疑，在许多战争中，指引群众厮杀的绝不是个人利益，在那种情况下，他们的智力水平难以理解；他们甘愿被屠杀，就像小鸟被猎人用镜子诱骗而撞死一样。

"九月大屠杀"是法国大革命中可怕的一幕。1792年9月2日—7日,巴黎监狱半数囚徒被处决,包括妇女和儿童,其中约1200人是被诱骗进去的。

即使绝对意义上的恶棍,一旦身陷群众,也能严格遵守道德原则。泰纳要读者注意,"九月大屠杀"的参与者也会上缴他们从受害者身上搜罗到的钱包和珠宝,将其放在会议桌上,本来他们是很容易把这些东西据为己有的。1848年革命期间,冲击杜伊勒里宫(Tuileries Palace)的群众,衣衫褴褛,高声呼号,蜂拥而入,却没有哄抢让他们震惊的奢侈品,其实,任何一件东西都可以给他们换来多日的面包。

17世纪的杜伊勒里宫

群众使个人道德净化的作用，肯定不是常规性的，却也经常发生。即使在不如以上事例凝重的环境下，也可以看到这样的作用。上文业已提及，剧场里的群众要求舞台上的英雄展示出夸张的美德。在议会里也常常看到这样的现象，议员可能品质低劣，议事时却总是一本正经。浪荡仔、皮条客和粗野人，遇到危险场合或苗头时，突然会轻声细语；与他们平常习惯的说话方式相比，他们此时的表现不会造成什么伤害。

诚然，群众经常放纵自己低劣的本能，但有时又树立崇高的道德典范。倘若无私、辞让、对真实或虚幻理想的绝对忠诚被纳入美德的范畴，那么就可以说，群众具有这些美德，而且即使哲人也难以达到他们的高度。无疑，群众践行这些美德时虽是不自觉的，但这并不重要，我们不该对群众求全责备，说他们常受无意识因素的支配，缺乏理性。倘若群众在某些情况下真的变得理性，算计起眼前的利益，那么，我们这个星球上根本就不可能产生文明，人性也不会有自己的历史了。

第三章　群众的观念、推理能力和想象力

经典名句

- 观念在群众的头脑里扎根需要很长时间，若想根除也需要很长时间。
- 群众只能以形象思维，因此也只能被形象打动。唯有形象能吓唬他们，吸引他们，成为他们行为的动机。
- 掌握了影响群众想象力的艺术，也就同时掌握了统治他们的艺术。

"对各色各样的群众的想象力,影响最大的莫过于戏剧表演。"

一、群众的观念

在上一部著作中，在研究观念在民族演化过程中的作用时，我们业已说明，每一种文明都是少量的基本观念的产物，这些观念极少更新。我们说明了，这些观念如何被植入群众的脑子里，这一过程难受影响，观念一旦确立就拥有很强大的力量。最后我们看到，历史上的大动荡就是由这些基本观念的变化造成的。

既然已经用了很大的篇幅介绍过这个问题，我们就不再多议，只想用三言两语谈谈群众能够接受的观念，以及他们形成这些观念的方式。

这些观念可以分为两类。一类是在环境影响下偶发的、朝生暮死的观念，比如个人迷恋的观念或教义；另一类是基本观念，环境因素、遗传规律和公众意见赋予它们极大的稳定性，这些观念包括过去的宗教信仰和今天的民主观念。

这些基本概念好像溪水，徐缓流淌。短暂的观念像涟漪，流变不息，只扰动水面；和底层的溪水相比，更显而易见，却并不重要。

如今，对父辈而言中流砥柱般伟大的基本观念，正在摇摇欲坠，其坚实基础业已丧失殆尽。同时，基于其上的制度也受到极大的动摇。每天，那种转瞬即逝的次要观念纷至沓来，但它们之中罕有被赋予生命活力者，无法获得持久的影响力。

无论群众得到的观念是什么，只有在这些观念具有绝对、不通融和简单明了的形式时，它们才能产生有效的影响。它们都披着形象的外衣，唯有以这种形式出现，才能被群众接受。这种形象化的观念不依靠逻辑相似性或连续性作为纽带，它们能互相替换，就像幻灯片能从幻灯机里被抽出来并重新放置一样。这就可以解释，为何最矛盾的观念能在群众里同时流行。同理，因时机的不同，群众里储备的不同观念对其产生不同的影响，所以群众能干出大相径庭的事情。由于完全缺乏批判精神，群众不能察觉到这些矛盾。

在孤立的个人身上，不仅仅是原始人，还包括其他许多人身上，我们都能看到这种现象。以狂热的教徒为例，在智能的某个方面，他们就像原始人。在欧洲读过大学并拿了文凭的印度教徒，就展现出这种令人费解的现象。若干西方思想叠加在他们身上，然而，其基本的习俗或社会观念却维持不变。随着时机的变化，这一套或那一套基本观念会浮现出来，伴以独特的言谈举止；如此，同一个人表现出极为矛盾的样子。不过，这些矛盾与其说是真实存在，不如说是表面现象，因为只有代代相传的观念才能对孤立的个人产生足够的影响，成为他的行为动机。只有在不同种族杂处、受到不同传统倾向的影响时，人的行为才会出现此一时刻、彼一时刻截然矛盾的现象。在心理学上，这些现象十分重要，但在这里过多解说却徒劳无益。我认为，若要理解这些现象，至少要花上十年时间周游各地进行考察。

只有以简单明了的形式出现，观念才能被群众接受；唯有经过彻底的改变，观念才能通俗易懂。当涉及高深莫测的哲学或科学观念时，我们尤其会看到，为了适应群众低下的智力水平，对观念需要进行多么大的改造。对观念的修正程度取决于群众的性质，或取决于群众所属的种族的性质，但修正的倾向总是观念的低俗化和简单化。这可以解释一个事实：从社会的角度看，实际上罕见观念的等级制，也就是说，观念罕有高下之分。无论发轫时多么伟大或正确的观念，一旦陷入群众能理解的范围，并对群众产生影响，其高雅和伟大就消失殆尽了。

再者，从社会的角度看，观念的等级价值、固有价值并不重要，必须考虑的是它所产生的效果。中世纪的基督教观念，上一世纪的民主观念，或今天的社会观念，都不是十分高尚。从哲学的角度看，它们只能被视为令人遗憾的错误，但它们已经或将要显示出强大的威力，在未来很长的一段时间里，它们将构成决定各国行动的最基本的因素。

经过彻底改变的观念，方能被群众理解；只有在进入无意识领域后，经过若干过程的修正，观念才能产生影响。彼时，观念变成了一种情感。至于观念的修正过程，我们将在下文讨论。

不要以为，仅仅因为观念正确，它就能对有教养的人产生有效的影响。只要看一看，即使最确凿的证据对大多数人的影响也微不足道，我们就可以明白这个道理了。诚然，十分清楚的证据是可能被有教养的人接受的。然而，由于初始观念的影响，改宗的信徒很快就会被他无意识的自我带回原点。几天后见面时，他又会用老一套语言来证明他改宗前的观点。实际上，他仍处在以往观念的影响之下，这些观念已经变成了他的情感。唯有这些观念影响着我们的言行举止的最隐秘的动机。在群众中，情况也不会例外。

通过多种方式，观念最终深入群众的头脑以后，就具有了难以抗拒的力量，并会催生一系列结果。此时，再和观念对抗就徒劳无益了。引发法国大革命的那些哲学观念，用了将近一个世纪的时间才扎根在群众头脑中。众所周知，一旦扎根以后，这些观念就具有了不可抗拒的威力。于是，全民就被动员起来，为社会平等、抽象权利和理想自由的实现而不懈努力，致使一个个王室摇摇欲坠，使西方世界经历了巨大的动荡。在二十年的时间里，各国都祸起萧墙，欧洲经历的大屠杀连成吉思汗和帖木儿也会心惊胆战。观念的传播竟然引起了如此大规模的冲突和屠杀，前所未闻。

观念在群众的头脑里扎根需要很长时间，若想根除也需要很长时间。因此，就观念而论，群众总是落后于博学之士和睿智哲人，要相差好几代。今天，所有的政客都十分清楚，上文提及的基本观念中混杂着错误。然而，由于其影响依然十分强大，所以，政客也不得已根据业已过时的原理来进行统治，尽管他们已不再相信这些原理。

二、群众的推理能力

不能绝对地说，群众没有推理能力，也不受推理的影响。

然而，从逻辑上来看，群众所用的论证，能影响群众的论证，都属于低下的一类，因此将其称为推理，只能说是一种比喻。

与高级的推理一样，群众低下的推理也基于观念。不过，在其所采用的观念之间，只存在表面上的相似性或连续性。群众的推理方式与爱斯基摩人类似。爱斯基摩人从经验中得知，冰是透明体，放在嘴里要融化，于是就认为，玻璃也是透明体，放在嘴里也会融化。群众的推理方式又像一些野蛮人。野蛮人想象，吃下了骁勇的敌手的心脏后，便能得到他的胆量。他们的推理方式还像一些劳工——被一个雇主剥削以后，他们立即断定，所有的雇主都会剥削他们。

群众这样进行推理，他们把表面有关联、实际不同的东西联系在一起，并立即把具体的事例推而广之。那些知道如何控制群众的人，给他们提供的正是这种论证。唯有这些论证才能影响群众。对群众而言，链条完整的逻辑论证是完全无法理解的，因此可以说，群众不会推理，或者可以说，他们只会错误地进行推理，也不受推理的影响。读一些演说词时，你会发现，其中的漏洞使人震惊。然而，它们曾经对在场的听众产生强大的影响。人们忘记了，这些演说词不是写给哲学家阅读的，而是用来说服集体的。那些同群众亲密交流的演说家，知道如何塑造形象来诱惑群众。诱惑了听众，他的目的就达到了。皇皇巨著是认真思考的产物，但二十本大部头还不如演讲词中的几句话，至少这些话能打动听众。

毋庸赘言，群众不能正确推理，不能展现丝毫的批判精神。换言之，他们不能区分真理和谬误，不能针对任何事物形成任何准确的判断。他们接受的判断仅仅是强加给他们的判断，绝不是讨论后被采纳的判断。在这个方面，许多人并不比群众高明多少。有些意见之所以能轻易地被广泛接受和赞同，主要是因为，大多数人不能根据推理形成自己独特的看法。

三、群众的想象力

正如缺乏推理能力的个人一样，群众形象化的想象力非常强大，而且活跃，他们很容易受到强烈的影响。一个人物、一件大事或者一次事故在他们脑子里唤起的形象，栩栩如生。在一定意义上可以说，群众宛若睡眠中的人，其理性已被暂时悬置，任由极其鲜明的形象在脑海中浮现；一旦梦醒开始思考，梦中的形象就会迅速消失。群众不会反思，不会推理，脑子里不存在办不到这一观念。应该指出，一般地说，他们会认为，最不可能的事情便是最惊人的事情。

给群众留下特别深刻印象的，为何始终是事件中令人惊叹、富有传奇色彩的一面？其原因就在这里。分析一种文明时，我们就会发现，支撑该文明的实际上正是那些神奇的、富有传奇色彩的事物。在历史上，表象总是比真相发挥着更重要的作用，非现实的因素总是比现实的因素更为重要。

群众只能以形象思维，因此也只能被形象打动。唯有形象能吓唬他们，吸引他们，成为他们行为的动机。

因此，戏剧表演总是能对群众产生巨大的影响，因为表演中呈现出来的形象最为清晰可见。面包和壮观的演出构成罗马平民幸福的理想，他们别无所求。多少个时代过去了，这种理想几无改变。对各色各样的群众的想象力，影响最大的莫过于戏剧表演。所有观众的体验基本相同；也许这些感情没有立刻变成行动，那是因为，即使最无意识的观众也不可能不意识到，他们是幻觉的受害者，他们的笑声与泪水，都是为了迎合舞台上那虚幻的奇遇。然而，因人物形象的暗示而产生的情绪有时会非常强烈，以至于会像在习惯性暗示的作用下一样，情绪往往会转化为行动。我们常常听说这样的故事：一个颇受欢迎的剧场的经理，偶尔推出了一部让人情绪低落的戏剧，其结果却是，观众们对那个扮演叛徒的演员狂怒不已，几欲诉诸暴力，经理不得不掩护那个演员离开剧场。虽然知道演员叛变的罪行是虚幻的，但有些观众还是免不了义愤填膺。我认为，我们在这里看到的，是群众心理状态最显著的征兆，尤其是暗示所产生的心理效应。非真实因素的影响几乎和真实因素一样大。群众的明显倾向是，不区分真实和非真实。

征服者的权力和国家的力量，便建基于大众的想象力。领袖统率群众时，尤其要在刺激其想象力上大做文章。一切重大的历史事件，佛教、基督教和伊斯兰教的兴起，宗教改革，法国大革命，以及我们这个时代的社会主义的兴起，都是因为强烈地刺激了群众的想象力而产生的直接或者间接的结果。

再者，所有时代和所有国家的政客，包括最绝对的暴君，都把群众的想象力视为权力的基础，他们从来不会尝试依靠与群众的想象力作对来进行统治。拿破仑对国会说："由于我成为天主教徒，我终止了旺代战争；由于我成为穆斯林，我在埃及站稳了脚跟；由于我成为信奉教皇至上的信徒，我赢得了意大利神父的支持；倘若我要去统治一个犹太人的国家，我就要重修所罗门神庙。"自亚历山大大帝和恺撒以来，大概还没有哪个伟大的人物比拿破仑更了解怎样影响群众的想象力。他始终全神贯注地追求的，正是强烈刺激群众的想象力。在凯歌高奏、侃侃而谈、发表长篇演说时，在他的一切行动中，他都牢记要调动群众的想象力。直到临终时刻，他依然对此念念不忘。

那么，如何影响群众的想象力呢？我们很快就会明白。此刻只说一点，若要掌握这一绝技，万勿诉诸智力或推理，即不能采用论证的方式。为了让民众群起反对谋杀恺撒的人，安东尼不是靠机智的说理，而是手指恺撒的尸体，同时宣读恺撒的遗嘱。

恺撒之死

无论刺激群众想象力的是什么手段，其形式都是惊人而鲜明的形象，免去了一切多余的解释，最多伴有几个奇异或神秘的事实：一次伟大的胜利、一个伟大的奇迹、一宗大罪，或一个诱人的前景。事例必须摆在群众面前，囫囵一团，不去细察，其来源要秘不示人。一百桩小罪或小事，丝毫也不能触动群众的想象力，相反，一件大罪或大事定会给他们留下深刻的印象，即使其危害远不如一百桩小罪。几年前，流行性感冒仅在巴黎就造成5000人死亡，但是这件事对民众的想象力几乎没有产生任何影响。原因在于，这场名副其实的浩劫没有体现为任何生动的形象，人们是通过每周发布的统计信息对这一状况有所了解的。相反，一个事故，导致500人死亡，而不是5000人，但是发生在一天之内，发生在众目睽睽之下，它就非常引人瞩目。比如，倘若埃菲尔铁塔轰然倒塌，那就会强烈刺激群众的想象力。一艘跨洋巨轮大概已在大洋深处沉没，然而由于没有新闻进行报道，反而刺激了群众的想象力，长达一个星期。官方的统计表明，仅在1894年，失事的海轮就达850艘，汽轮就达203艘。以生命和财产损失而论，这要比那艘跨洋巨轮的失事严重得多，但群众从未对这些接二连三的事故表示过关切。

可见，刺激民众想象力的不是事实本身，而是它们发生和引人注意的方式。如果容我发表观点，我就会说，唯有对这些事故进行浓缩加工，才能产生令人瞠目结舌的形象并且这些形象会在群众的头脑中徘徊不去。掌握了影响群众想象力的艺术，也就同时掌握了统治他们的艺术。

第四章　群众的信念采用的宗教形式

经典名句

◆ 宗教情感的特点十分简单：对某个想象中的居高临下者的崇拜，对其威力的畏惧，对其命令的盲从，无力探讨其信条，渴望传播其信条，把不接受其信条的人视为寇仇，如此等等。

◆ 褊狭与狂热必然和宗教情感相生相伴。凡是自信掌握了世俗或永恒幸福的秘诀的人，必然会表现出褊狭与狂热。凡是受到某种信念的激励而相聚的人，都会显示出这两种特征。

◆ 群众的一切信念都具有一种宗教的形式。在群众心目中，受其拥戴的英雄是名副其实的神。

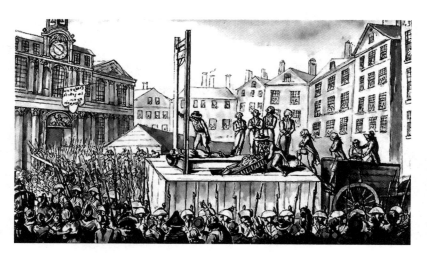

雅各宾派专政时期的行刑场景。

我们业已证明，群众并不进行推理。他们对观念或是全盘接受，或是完全拒绝；既不容许讨论，也不容许反驳。影响他们的暗示会侵占其全部理解力领地，并立即转化为行动。我们还证明，受到适当影响的群众，总是准备为鼓舞他们的理想而慷慨赴死。我们也看到，群众心怀狂暴而极端的情绪。同情很快就变成崇拜，反感一旦被唤起，几乎立刻就变为仇恨。这些普遍的迹象使我们可以预感到群众信念的性质。

若仔细考察群众的信念，无论是考察宗教信仰狂热的时代，抑或是考察政治动荡的时代比如上一个世纪的大动荡，有一点显然很清楚：群众的信念以一种特殊的形态出现，将其定义为宗教情感大概再恰当不过了。

这种情感的特点十分简单：对某个想象中的居高临下者的崇拜，对其威力的畏惧，对其命令的盲从，无力探讨其信条，渴望传播其信条，把不接受其信条的人视为寇仇，如此等等。这种情感寄托的对象可能是隐形的上帝、木雕或石雕的偶像、一位英雄或一个政治理念；只要具备上述特点，其本质都有宗教色彩。可以看到，这些崇拜对象都具备超自然和神秘的特征，程度相同。

不知不觉间，在群众热情被唤起的那一刻，某个政治信条或战无不胜的领袖被赋予了神秘的力量。

仅仅崇拜一位神祇，还算不上是虔诚的信徒；唯有把自己的一切思想资源、对神祇意志的完全顺从、全身心的热情都奉献给一项事业或一个人，将其作为自己思想和行动的目标与指南，才够资格被看作一个虔诚的人。

褊狭与狂热必然和宗教情感相生相伴。凡是自信掌握了世俗或永恒幸福的秘诀的人，必然会表现出褊狭与狂热。凡是受到某种信念的激励而相聚的人，都会显示出这两种特征。骨子里，恐怖统治时代的雅各宾党人和宗教裁判所的天主教徒一样，其狂暴的激情来自同样的源头。

群众信念的特征有：盲目的服从、强烈的褊狭、狂热宣传的需求，所有这些特征都寓于宗教情感中。因此可以说，群众的一切信念都具有一种宗教的形式。在群众心目中，受其拥戴的英雄是名副其实的神。整整15年，拿破仑就是这样的神，其信徒之

拿破仑的加冕礼

众超过任何神灵,驱使信徒战死疆场时,他比任何一位神灵都更为轻松自如。基督徒的上帝和异教徒的神祇都控制信徒的头脑,却不如拿破仑的控制那样完全彻底。

一切宗教信条或政治信条的创立者之所以能成功,纯粹是因为他们激起了群众狂热的情感。在崇拜和服从中,信奉者找到了自己的幸福,时刻准备为自己的偶像慷慨赴死。古往今来,概莫能外。在论述罗马高卢人的杰作中,德·库朗热正确地指出,统治罗马帝国的绝不是武力,而是它激发的虔诚的赞美之情。他写道,"一种民众普遍憎恶的统治形式,居然维持了五个世纪,世界史上前所未有……帝国的三十个军团竟然使一亿人俯首帖耳,难以

库朗热（Numa Denis Fustel de Coulanges,1830—1889）,*法国史学家,代表作为《古代社会》。*

解释"。一亿人唯命是从的原因在于,皇帝是罗马文治武功的人格化象征,被尊为神,全体人民,一致崇拜。在帝国全境,即使最小的城镇也修建了敬奉皇帝的祭坛。"在那些岁月里,从帝国的一端到另一端,处处可见一种新宗教的兴起,帝国崇奉的神就是皇帝。在基督教诞生前夕,高卢地区的六十座城市,联手在里昂城附近建起了一座神殿,崇奉奥古斯都……这座神殿的祭司由高卢城市联盟推选,他们是高卢的名人……不能把这一切归因于畏惧和奴性。整个民族不可能全都奴性十足,尤其不可能在三个

奥古斯都（Augustus，公元前63—公元14），原名屋大维，罗马帝国第一代皇帝恺撒的继承人，统治罗马长达四十余年。

世纪的时间里都奴颜婢膝。崇拜皇帝的并不是廷臣，而是罗马；不仅有罗马，还有高卢地区、西班牙、希腊和亚洲。"

今天，大多数支配着人们头脑的大人物，已经不再享有圣坛，但他们还有雕像，或者崇拜者还在手捧他们的肖像。他们是崇拜的对象，对他们的崇拜和对其前辈的崇拜并无显著差异。唯有透彻理解群众心理学的这个基本问题，方可理解历史的哲理。群众需要神，这一需求压倒一切。

千万不要以为，这些崇拜是迷信，迷信的时代一去不复返，早已被理性清除了。在同理性永恒的冲突中，情感从来就不曾被征服。群众再也听不到神祇和宗教的字眼，他们不再是这些字眼的奴隶。然而，与上一个世纪不同，他们不再拥有众多的崇拜对象；古老的神祇，也不再享有密密麻麻的雕像和祭坛。近年研究过民众运动的人知道，在布朗热主义的旗号下，群众的宗教本能是多么容易复活。彼时，任何一家乡村小酒馆都挂着这位英雄的画像。

布朗热将军（General Boulanger，1837—1891），法国将军、陆军部部长。

他被赋予矫治不公、铲除邪恶的威力,成千上万的人甘愿为他献出生命。倘若他的人格与他传奇般的名望相符,他肯定能在历史上占据伟人之位。

因此,断言群众需要宗教,实在是十分无用的老生常谈,这是因为一切要扎根的政治、宗教或社会信条,都必须采取宗教的形式,借以把危险的讨论排除在外。即使有可能诱使群众接受无神论,这种信念也会表现出宗教情感中所有的褊狭狂热,其外在形式也会沾染邪教的色彩。实证主义者这个小宗派的演变,为我们提供了一个奇异的例证。陀思妥耶夫斯基是一位深刻的思想家,他所讲述的虚无主义者的故事很快就发生在实证主义者身上。有一天,在理性之光的启迪下,他捣毁了教堂祭坛上的一切圣像,吹灭蜡烛,毫不犹豫地用无神论哲学家比希纳(Ludwig Büchner)和莫勒斯霍特(Jacob Moleschott)的著作取而代之。旋即,他又虔诚地点燃了蜡烛。他的信仰对象陡然一变,然而真能说他的宗教情感也改变了吗?

我要重申,除非能理解群众信念长期采用的宗教形式,否则你就不可能理解某些历史事件,而它们正是最重大的事件。有些社会现象需要从心理学角度去研究,而不是从博物学的角度去研究。史学家泰

陀思妥耶夫斯基(Fedor Mikhailovich Dostoevsky, 1821—1881),俄国小说家,擅长心理描写,著有《白痴》《罪与罚》等。

纳只从博物学的角度去研究法国大革命，因此他很难看到一些事件的起源。他对事实的观察完美无缺，然而从群众心理研究的要求来看，他经常错失一些事件的起因。事件中血腥、混乱和凶残的景象让他感到惊恐，但在那部伟大戏剧的英雄身上，他只看到一群疯狂的野蛮人不约束本能的肆意妄为。法国大革命只不过是一种新宗教在群众心里扎根的运动。如果不这样反思，就不能恰当地解释它的暴力和肆意屠杀、它对宣传的需要，以及它向一切事物发出的战争宣言。宗教改革、圣巴塞洛缪大屠杀、法国的宗教战争、宗教裁判所、雅各宾恐怖时期（the Reign of Terror），都如出一辙，都是群众的宗教情感受到激励的结果。凡是宗教情感洋溢的人，都必然会用火与剑去消灭反对建立新信仰的人。宗教法庭的裁判法，是一切怀有真诚而坚强信念的人所采用的方法。倘若他们采用其他办法，其信念就不配这样的评价了。

圣巴塞洛缪大屠杀（St. Bartholomew's Day massacre），1572年8月23—24日发生的对法国基督教新教胡格诺派教徒的大屠杀。

类似上述事件的历史大动荡，只有在群众的心灵中酝酿以后，才可能发生。即使最专制的暴君也不能酿成这样的大动荡。史学家告诉我们，圣巴塞洛缪大屠杀是一个君主所为，这说明，他们对君王的心理一无所知，对群众心理也一无所知。这场大屠杀的出现只能源自群众的灵魂。手握最绝对权柄的最专制的君主，只不过能加快或延缓这个幽灵出现的时间。圣巴塞洛缪大屠杀或宗教战争并不是君主的作为，就像恐怖统治不是罗伯斯庇尔、丹东（Georges Danton）或圣茹斯特（St. Just）的作为一样。在这些事件的底层，总可以找到群众灵魂的作用，而不是君主的权力。

罗伯斯庇尔（Maximilien Robespierre，1758—1794），法国革命家，法国大革命时期重要的领袖人物，是雅各宾派政府的实际首脑之一。

第二部分　群众的意见和信念

第五章　群众的意见和信念里的间接因素

经典名句

◆ 种族的力量如此强大，如果不经历深刻的变化，任何要素都不可能从一个民族传递给另一个民族。

◆ 最死守传统观念、最顽固反对变革传统观念的，正是群众。

◆ 观念是历史的儿女、未来的母亲，却永远是时间的奴隶。

◆ 今天，能找到无政府主义者的地方，正是教室；为拉丁民族走向衰败铺平道路的，也正是教室。

"有人也许认为,昔日的宗教观念已经威风扫地。但没过几年,遵从普遍的要求,被废除的公开礼拜制度便又被重建起来了。"

研究了群众的心理结构以后，我们了解了群众的情感、思维和推理方式。我们现在来考察，群众的意见和信念是如何产生并被确立的。

决定这些意见和信念的因素分为两类：间接因素和直接因素。

间接因素使群众能接受某些信念，并使其很难接受别的信念。间接因素提供了相宜的土壤，使新思想像种子发芽一样突然出土。新思想看上去是自发的，其威力和结果却令人吃惊。在群众中，一些观念迸发而出，并被付诸实践，有时很突然，令人吃惊。然而，这只是一种表面现象，背后必然能找到长期酝酿的、初级的预备性力量。

直接因素到来时，处在这个长期准备过程的顶端；但如果没有这个准备过程，直接因素就无从发挥作用。它们成为对群众进行说服的资源。换言之，直接因素使思想成形，并释放一切可能的结果。集体突然做出的决定，就是这些直接因素催生的。一次骚乱的爆发、做出一个进行罢工的决定，都归因于这些直接因素；数量庞大的多数人把权力授予一个人，使其能推翻政府，也归因于这些因素。

在所有重大的历史事件中，都可以找到这两种因素的相继作用。仅以法国大革命中的间接因素为例来予以说明。这是最令人震惊的重大历史事件之一。酿成法国大革命的间接因素有：哲人的著作、贵族的巧取豪夺以及科学思想的进步。有了这些准备以后，群众就容易被煽动起来了，鼓动家的演讲、保王党对小规模改良的抗拒等直接因素就起作用了。

有些间接因素具有普遍性，可以看出，它们是群众一切信念和意见的基础。这些因素就是种族、传统、时间、制度和教育。

我们现在着手研究这些因素的影响。

一、种族

种族这一因素必须被列在第一位，因为其重要性远远超过其他因素。在另一本书里，我们对种族有过充分的研究，故无须赘述。在那本书里，我们说明了如下问题：一个历史意义上的种族是什么样子；一旦其特性形成，作为遗传规律的结果，它就拥有强大的力量，其信仰、制度和艺术，总之，其一切文明要素，仅仅是其内在禀赋的外在表现而已。我们指出，种族的力量如此强大，如果不经历深刻的变化，任何要素都不可能从一个民族传递给另一个民族。①

环境和事件代表着某时某刻的社会性暗示。它们可能有相当大的影响，但如果其影响与种族的暗示因素对立，换言之，如果它与民族世代相传的因素相背离，那么，这些社会性暗示的影响只能是暂时的。

在接下来的一些章节里，我们还会触及种族的影响，我们会说明，种族的影响非常强大，主导着群众的气质的特征。顺理成章的结果是，不同国家的群众的信念和行为，差异相当大，群众受影响的方式也各不相同。

二、传统

传统代表着过去的观念、需求和情感。传统是种族的综合产物，对我们施加巨大的影响。

胚胎学证明，过去的时光对生物进化产生了巨大的影响；此后，生物科学便发生了变化。如果这一概念得到更广泛的传播，历史科学发生的变化也不会小。然而，历史科学尚未成为普及的常识，同上个世纪的理论家相比，许多政客仍然不见得进步了多少。他们相信：社会能够和自己的过去决裂；在理性之光的照耀

---

① 这个命题仍然颇为新鲜，舍此，历史就很难被理解。在《民族进化的心理规律》（*The Psychological Laws of the Evolution of Peoples*）里，我用四章的篇幅来研究这个命题。读者从书中可以看到，这个命题看似谬误，然而实际上，语言、宗教、艺术以及其他任何文明要素从一个民族向另一个民族传递时，都不可能不发生变化。

下，沿着它暗示的路线，社会的重塑是完全可能的。

民族是历史创造的有机体，像其他有机体一样，它只能通过缓慢的遗传积累来改变。

指引人的是传统，陷入群众里的人，尤其受传统指引。我反复强调，所谓人能轻易改变传统的说法，只不过是徒具虚名和表面形式而已。

对于这一情况，大可不必惋惜。如果没有传统，民族气质和文明都不可能存在。因此，自人类形成以来，一直有两大关切：创建一个传统的网络；当传统的有益效应耗尽时，便摧毁这一传统。没有传统，文明是不可能的；没有对传统的破坏，进步也是不可能的。寻求稳定与变易的恰当平衡，这是个极大的困难。倘若一个民族让自己的习俗根深蒂固，它就不会再改变。在这样的情况下，暴力革命无济于事，因为暴力革命的结果无非是：打碎的锁链被重新拼接在一起，过去的一切重新登场，原封不动；或者破碎的锁链分崩离析，无政府状态和衰败接踵而至。

因此，对于一个民族来说，理想的状态是保留过去的制度，只用不易察觉的方式一点一滴地加以改进。这种理想状态不易达到。古代的罗马人和近代的英国人接近于这一理想，仅此两例。

最死守传统观念、最顽固反对变革传统观念的，正是群众。种性范畴的群众尤其如此。我始终强调群众的保守主义精神，并且指出，即使最狂暴的反叛也只是以字面上的变化而告终。上世纪末，教堂被毁，教士被驱逐出国，或被送上断头台。有人也许认为，昔日的宗教观念已经威风扫地。但没过几年，遵从普遍的要求，被废除的公开礼拜制度便又被重建起来了。①

被短暂勾销的传统，很快就恢复了昔日的影响。

传统的威力对群众头脑的影响，莫胜于此。最令人敬畏的偶像，并不身居庙堂，也不是深居宫廷的最专横的暴君；两者都可能在转瞬之间灰飞烟灭。驾驭着我们内心最深层的自我的，是看不见的主人，面对一次次反叛，他们都安然无恙；唯有千百年的光阴，才会使之消磨、式微。

三、时间

对于社会问题和生物学问题，时间都是最有力的因素之一。它是唯一的真正创造者，也是唯一的伟大毁灭者。时间把沙土堆成高山，把地质时代晦暗不明的细胞提升为尊贵的人类。千百年的作用足以改变任何现象。有人说得对，若有足够的时间，蝼蚁也能把勃朗峰夷为平地。倘若有人掌握了随意改变时间的魔法，他便握有信徒赋予上帝的那种权力。

不过，我们这里只讨论时间对群众意见的形成所产生的影

---

① 泰纳引用前国民公会议员福克瓦（Fourcroy）的报告，非常清楚地说明了这一点："到处都能看到做礼拜、上教堂的现象，这证明，大多数法国人渴望回归古老的习惯。抵制这一习惯不再合适……大多数人都需要宗教、公开信仰和教士。有些哲学家相信，教育的普及可以消灭宗教偏见，我也曾经被误导，但对大量不幸的人来说，宗教是心灵安抚之源……因此，民众必须有自己的教士、祭坛和公开的崇拜。"

响。从这个角度看，时间也产生重大的影响。诸如种族的重大力量，也依靠时间，没有时间便无法形成。时间造成一切信念的诞生、成长和死亡。信念获得力量要借助时间，失去力量也要借助时间。

为群众意见和信念做准备，尤其需要时间，至少准备其生根发芽的土壤，靠的是时间。有些观念可在一个时代实现，却不能在另一个时代实现，其原因就在这里。时间把各种信仰和思想的碎屑积成土壤，使时代的观念在此生长。观念的生长不是随意的、偶然的，其根子都深深扎入悠远的岁月。观念的花朵绽放，那是时间做的准备。如欲了解其起源，那就必须回溯过去，搜寻其源流。观念是历史的儿女、未来的母亲，却永远是时间的奴隶。

因此，时间是我们名副其实的主人；为了看到万千事物的变化，放手让时间自由发挥作用足矣。今天，面对群众威逼性的欲望及其预示的破坏和骚乱，我们深感不安。无须借助其他力量援手，时间就足以使世间万象恢复平衡。拉维斯先生（M. Lavisse）切中肯綮："没有任何政治形式是一蹴而就的。政治组织和社会组织是在数百年间建成的。数百年间，封建制度混乱无序，然后才找到规律。摸索了几个世纪，绝对君权才找到统治的常规。这些期待政治制度形成的时期，是极为动荡、混乱的。"

四、政治制度和社会制度

有一种观点认为，制度能清除社会弊端，国家的进步是制度和政府改良的结果，社会变革可以靠法令来实现。我要说，这仍然是被普遍接受的观点，是法国大革命的起点，而且是目前各类社会学说的基础。

最绵延不绝的经验也未能动摇这个严重的谬见。哲人和史学家试图证明其荒谬，徒劳无功；不过，他们毫不费力地证明，制度是观念、情感和习俗的产物，且不会随着法典的修编而改变。一个民族不能选择自己的制度，就像它不能选择自己的毛发和眼睛的颜色一样。制度和政府都是种族的产物，它们不是时代的创造者，而是被时代创造。管理人民的统治形式，不是其一时的奇思怪想，而是由国民的性格决定的。政治体制的形成需要数百年的时间，其变革也需要数百年的时间。制度并无固有的优点，本身无所谓好坏。在某时对某民族有益的制度，对另一个民族也许是极为有害的。

况且，真正要改变制度，绝非民族的能力所及。无疑，以暴力革命为代价，可以改变制度之名号，但制度的实质却维持不变。制度之名不过是无用的符号，历史学家在探究事物的底层时，无须留意它们。如此，以英国为例，这个世界上最民主的国家①，却生活在君主统治之下。相反，专制暴政最猖獗的国家却是原西班牙属地的美洲共和国，它们名义上是共和立宪制的国家。决定各民族命运的是它们的性格，而不是它们的政府。在前一本书里，我用典型事例来证实这一观点。

因此，把时间浪费在炮制已成俗套的制度上，是幼稚的把戏，是无知的修辞学家的无用功。必要性和时间承担着完善制度的责任，我们明智的做法，就是让这两个因素发挥作用。这就是盎格鲁-撒克逊人采用的计划，拉丁民族各国的政客们应当牢记英国伟大的史学家麦考利的教诲。他指出，从纯理性的角度看，法律所收获的好处似乎是荒谬与矛盾。接着，他就拉丁民族和英国的众多制度进行了比较：拉丁人的制度一拥而上，使国家动荡；英国人的制度一点一滴地慢慢变化，影响他们的是紧迫的必要忹，绝不是思辨性推理。他写道：

托马斯·麦考利（Thomas B. Macaulay, 1800—1859），英国历史学家、作家、政治家，著有《英国史》《古罗马之歌》等。

---

① 就连最进步的美国共和主义者也承认这一事实。美国杂志《论坛》（The Forum）也坚决地表达了这样的观点，我从它 1894 年 12 月号的《评论之评论》（"Review of Reviews"）一文中摘录一段话："连贵族制最不共戴天的仇敌也不能忘记，英国是当今世界上最民主的国家，在这里，个人最受尊敬，享有最大的自由。"

不考虑对称，多考虑方便；绝不仅仅因为异常而消除异常；除非感到民怨，否则绝对不进行变革；只要能消除不满，就不进行变革；绝不提出任何超越必需范围的主张，任何主张适合具体情况足矣。从约翰王时代到维多利亚女王时代，这些主张一直是我们250届议会的议事准则。

我们有必要逐一研究各民族的法律和制度，借以显示，它们在多大程度上是各种族的需要的表现，不能进行剧烈的变革。以集权制为例，从哲理上侈谈其优缺点，那是可能的。然而我们看到，一个由不同种族组成的民族用了一千年时间才实现了集权制；我们又看到，旨在摧毁一切旧制度的一场大革命，后来却不得不尊重集权制，甚至强化集权制。在这样的情况下，我们应该承认集权制是该民族迫切需要的产物，是它的生存条件。对侈谈摧毁该民族集权制的政客，我们应当对他们可怜的智力水平感到遗憾。倘若他们凑巧摧毁了该民族的集权制，那就是一个信号：残酷的内战迫在眉睫。① 此外，接踵而至的是新的集权制，而且

---

① 深刻的宗教和政治分歧使法国的政党发生分裂。分裂的倾向出现在大革命时期，在法德战争末期再次露头。如果将这些宗教、政治分歧，尤其是社会问题造成的后果与分裂的倾向做一番比较，就可以看到，法国的种族远没有完全融合。大革命时期强有力的集中制和人为设置的政府部门注定要使古老的行省融合，无疑，这是大革命中最有益的工作。如果有可能实现去集中化——这正是今天缺乏远见之人热切的追求，那么，就会立即引起最血腥的动乱。忽视这个事实就是忽视法国的全部历史。

第五章　群众的意见和信念里的间接因素

其压迫性远胜过旧的集权制。

由此可以断定,深刻影响群众禀性的手段,不能到制度中去寻找。我们看到,有些国家比如美国,在民主制度下实现了高度的繁荣;相反,在另一些国家,比如西属美洲共和国,虽然其制度与前者极为相似,却生活在可悲的无政府状态中。于是,我们就应当承认,这样的制度与一个民族的伟大或另一些民族的衰败毫无关系。各个民族受制于自己的性格,凡是与之无法吻合的模式,只不过是借来的外套,短暂的伪装。毫无疑问,血腥的战争和暴烈的革命一直在发生,而且会继续发生,其目的是将某些制度强加于民。这些制度被赋予了创造福祉的超自然力量,就像圣骨被赋予超自然力一样。因此,从某种意义上可以说,制度作用于群众的头脑,使之引发了大动荡。然而实际上,并不是制度发挥了这样的作用;我们知道,无论成败,制度本身并无这种力量。影响群众头脑的是幻觉和词语,尤其是词语。词语之强大一如其荒诞,下文即将予以揭示。

五、教导与教育

我们发现,在当代,最突出的主导观念之一是,教育能使人大为改观,必然会使人提高境界,甚至能实现人人平等。这一观念被不断重复,于是这种主张最终成为最坚定的民主信条。如今,要想抨击这一信条,已然和过去抨击教会的信条一样,十分困难了。

然而，在这个问题上，就像在许多其他问题上一样，民主观念常与心理学和经验的结论相左，差异深刻。许多杰出的哲学家比如赫伯特·斯宾塞毫不费力地证明，教育既不会使人更有道德，也不会使人更幸福；既不会改变人的本能，也不能改变其遗传性激情。而且，如果教育以不良引导的方式出现甚至弊大于利。统计学家业已证明这一观点。统计学告诉我们，随着教育的普及，犯罪有所增加，至少是某种类型的教育的普及会产生这样的结果；最危险的社会敌人，往往是从获奖的学生中招募来的。在最近一本著作里，著名的法官阿道夫·吉约（Adolphe Guillot）指出，在目前的罪案中，受过教育的罪犯和文盲罪犯之比是 3000 比 1000；在过去的 50 年间，人口中的犯罪率从每 10 万居民 227 人上升到 552 人，即增长了 133%。和他的同事一样，他注意到，青少年犯罪的增长尤其明显；然而，众所周知，在法国的青少年教育领域，免费的义务教育业已取代学徒制。

我们当然不能这么说，即使经过良好设计的教育也不会导致非常有益的后果，没有人会持这种观点。这种教育即使无法提高人们的道德水准，至少也能提供某些专业技能。遗憾的是，尤其是在过去 25 年里，拉丁民族将其教育制度建立在了十分错误的原则上。尽管有些最杰出的人士，如布雷亚、库朗热、泰纳等提出了意见，但他们依然坚持错误的主张，令人扼腕。我

> 米歇尔·布雷亚（Michel Bréal，1832—1915），法国哲学家、语文学家。

在不久前的一本书里指出，法国的教育制度把多数受教育者变成了社会的敌人。

这种制度是名副其实的拉丁民族的制度，其主要危险在于，它基于一个根本错误的心理学观点，认为智力是靠背书来开发的。接受了这个观点之后，人们就强行向学生灌输尽可能多的教科书知识。从小学直到走出大学校门，年轻人只能靠死记硬背书本，从来不调动个人的判断力和主动性。对他们而言，教育就是死记硬背，循规蹈矩。

前教育部部长朱勒·西蒙（Jules Simon）先生写道："学功课，牢记语法或摘要，好好重复，好好模仿，这是荒谬可笑的教育形式，一切努力的背后都是一个心照不宣的信条：老师不会错。其唯一的结果就是贬低自我，使我们无能。"

倘若这种教育仅仅是无用，那么我们对不幸的儿童表示同情就可以了。他们没有在小学学到必要的功课，学习到的不过是科劳泰尔（Clothair）后裔的族谱、纽斯特里亚（Neustria）和奥斯特拉西亚（Austrasia）之间的冲突以及动物分类的知识等。然而，这种制度的危险远比这种授课方式严重。它使受教育的人极度厌恶自己的生活，极想逃之夭夭。工人不想再务工，农民不想再务农，大多数卑微的中产阶级，除了吃皇粮外，不想让自己的儿子从事任何别的职业。法国的学校不培养学生为谋生打下基础，而是培养他们当公务员；干好这样的工作，无须必要的自我定向，不必表现出丝毫的主动精神。在社会等级的底层，这种制度造就了一支无产阶级大军，他们对自己的命运愤愤不平，随时都想起来造反。在社会等级的顶层，这种制度培养出一群轻浮的资产阶级。他们既多疑又轻信，迷信国家，将其视同天道，却又时时不忘对它表示敌意。他们总是把自己的过错归因于政府，然而，离开了当权者的干涉，他们一事无成。

国家用课本制造出这么多有文凭的人，却只能利用其中少数人，只好让其他人无事可做。因此，它不得不把饭碗留给前者，剩下的人便成为国家的敌人。从社会金字塔的最高层到最低层，从最卑贱的职员到教授和地方行政长官，大批拥有可资炫耀的文凭的人都来围攻这些公职。商人很难找到一个经理人代表他去处理殖民地的生意，而成千上万的人却在争抢最平庸的官职。仅在塞纳省，就有两万名男女教师失业，他们都很鄙视农田或厂房，只想从国家那儿讨生计。被选中的人数有限，不满的人势必就多。他们随时准备闹革命，无论首领是谁，无论其目标是什么。人们发现，学习一些用不上的知识，是驱使人造反的不二法门。①

---

① 这一现象并非拉丁民族所独有。中国也一样，国家掌握在一批等级森严的官僚手里。和法国一样，职位是通过竞争激烈的考试获得的，考试的唯一内容就是背诵成堆的典籍。印度也一样，英国人办了学校，但不像在英国本土那样是为提供教育，只是让印度居民有书读。于是，一个由受过教育的"先生"（Babus）组成的特殊阶层形成了。失业以后，他们就成了与英国统治者势不两立的敌人。就这些先生而言，无论就业与否，教育的首要效果就是降低了他们的道德水平。我在《印度文明》（*The Civilisations of India*）里详细评述了这个结果。凡是造访过这个南亚大半岛的作者都注意到了这一事实。

显然,原路返回为时已晚。只有经验这位人民最好的老师,会不辞辛苦地揭示我们的错误。只有经验能够有力地证明,必须用职业教育取代可恶的课本和可悲的考试;只有这样的教育,才能够劝导年轻人回到田野和工厂,回到他们今天不惜一切代价去逃避的殖民地事业。

如今,一切有识之士倡导的专业教育,正是我们的祖辈所受的教育。今天,在用意志力、主动性和创业精神统治世界的民族中,这种教育依然充满活力。在一系列引人注目的篇章(下文还将引用一些重要段落)中,伟大的思想家泰纳先生清楚地表明,我们过去的教育制度在今天的英国和美国依然流行。在比较拉丁民族和盎格鲁-撒克逊民族的教育制度时,他明确指出了这两种教育方法的不同结果。

中国清朝时期的教室

也许，在迫不得已时，人们不得不同意，必要时还得继续接受古典教育中的一切不足，因为尽管它只培养出了心怀不满的人和无法适应自己的生活的人，但大量皮面的知识、倒背如流的课本，毕竟提高了智力水平。但是，它真能提高教育水平吗？不可能！要想在生活中取得成功，一个人需要具备的条件是判断力、经验、创新和品行，这些素质都不是书本赋予的。教科书就好比字典，是有用的工具，可供查检，但大段大段的死记硬背却百无一用。

如何能使专业教育开发智力，使之大大高于古典教育的水平呢？泰纳先生做了很好的说明。他写道：

> "观念"，只能在自然、常态的环境中形成。健康成长靠的是诉诸感官的无数印象；年轻人要获得日常感官经验，就要去工厂、矿山、法庭、书房、建筑工地和医院；他要看到工具、材料和操作；他要接触顾客、劳工和劳动，无论他干得是好是坏，无论其赚钱还是赔本。用眼睛、耳朵、双手，甚至用味觉去感知微妙的细节，并获得初步的理解；无意间学到的细节，潜移默化，逐渐成形，或迟或早向学习者暗示，让他进行新的组合、简化、节约、改进或发明。恰恰在最能出成果的年纪，法国的年轻人被剥夺了所有这些宝贵的经验，以及一切必不可少的学习要素。有七八年的时间，他一直被关在学校，一切亲身体验的机会都被剥夺；对于世间的人和

事，对于待人接物，他就不可能学到敏锐而准确的观念了。

在人生高效、重要，甚至决定性的几年里，十之八九的人把光阴和心血都浪费了。约有一半甚至三分之二的人，是为了考试而活着，我这里指的是那些名落孙山的人。其余的人考试过关，拿到学位、证书和文凭，他们之中有一半或三分之二的人在承担超负荷的工作。对他们的要求太高，榨取太多。在规定的某一天，他们要坐在椅子上，或面对答辩团，连续两小时，在多门学科中游走，扮演一切人类知识的活词典的角色。在那一天的两个小时里，他们的确做到了，至少是快要达到要求了；但过了一个月，他们便不再是那样的人。再次去考试，他们就不能及格了。他们脑子里装的东西太多、太沉重，不断流失，却没有新东西去取代。他们的精神活力衰退了，蓬勃向上的能力枯竭了，人固然是充分发展了，却常常是灯尽油干。成家立业，结婚生子，听天由命，在小圈子里打转，无限期地围于小圈子；在有限的职责中，自我封闭，能胜任工作，仅此而已。这就是平庸生活，收支肯定不平衡。今天的英国或美国，和1789年以前的法国一样，采取的是相反的路子，其结果并无不同或者说更好。

接着，这位著名的心理学家揭示了我们与盎格鲁-撒克逊人制度上的差别。他们没有我们这么多的专业学校。他们的教育不是建立在书本知识上，而是建立在实物教学课上。例如，他们的工程师不是在学校培养的，而是在车间里训练出来的。这种办法表明，每个人都能达到他的智力允许他达到的水平。如果他没有进一步发展的能力，他可以成为工人或领班，如果天资使他走得更远，他便会成为工程师。相比而言，这种办法更民主，对社会也更有利。然而，我们的做法是，在19岁或20岁时参加一场考试，持续几个小时，一考定终身。

在医院、矿山和工厂，在建筑师或律师的事务所里，学生们很小就开始学业，按部就班地度过学徒期，非常类似于我们律师事务所的文员或工作室里的艺术家。在投入实际工作之前，学生有机会接受一些普通和概略的教育，这些教育如同一个准备好了的框架，他能把稍后的观察储存进这个框架。而且，一般来说，他能在空闲时间学到各种各样的技能，并逐渐把日常积累的经验协调起来。在这种制度下，实践能力的提高、个人的发展与学生才能的增长是平衡的，发展方向也符合他未来要承担的任务和特定工作的要求，即他希望今后从事的适合自己的工作。因此在英国或美国，年轻人很快便处在能充分发挥才能的位置上。到25岁时（如果材料和部件齐备，时间还会提前），他不但会成为一个动手能力强的人，还能自主创业。他不只是机器零件，而且是发动机。法国盛行的制度与此相反，一代又一代的法国人越来越向中国看齐。这就造成极大的人力浪费。

在中国的宋朝，科举考试的考生正在参加殿试。

我们拉丁民族的教育制度与实际的生活越来越不协调，对此，这位伟大的哲学家得出了如下结论：

> 在教育的三个阶段，即儿童期、少年期和青年期，如果从考试、学历、证书和文凭的角度看，坐在学校的板凳上抠理论和课本的准备工作，时间未免过长，而且负担过重。以此观之，这种方法十分糟糕。这是违反自然的、反社会的制度。实践的学徒期被大大推迟，学生住校，经历不自然的训练、填鸭式的灌输、过重的功课；学校不考虑未来，不考虑成年期的状况和成人的职责，不考虑年轻人即将投身的现实世界，不考虑他必须

适应或提前学会适应的熙熙攘攘的社会，不考虑人类从事的斗争，不考虑他为保护自己、站稳脚跟而必须提前得到的装备、武器、训练和磨炼。这种必不可少的装备，这种最重要的学习，这种丰富的常识、胆量和意志力，我们的学校全都没有提供。我们的学校远远没有给他合格的资质以适应即将来临的生活状态，反而损害了他的基本素质。因此，步入世界、踏进行动领域时，他经常会遭遇一连串痛苦的失败，他的创痛久久不能痊愈，有时甚至会失去生活能力。这种试验既严酷又危险。此间，他的精神和道德的均衡被打破，有难以恢复的危险。突然而彻底的幻灭接踵而至。这样的欺骗太严重，失望太强烈了。①

---

① Taine, *Le Régime moderne*, vol. ii., 1894. 这些文字几乎是他的绝笔，是这位伟大哲学家漫长人生阅历的总结，令人钦佩。遗憾的是，在我看来，我们那些没有海外生活经验的大学教授完全不懂这一套人生哲理。教育是我们掌握的影响民众心智的唯一手段；但我们几乎没有人懂得，我们目前的教育制度是法国迅速衰败的重要原因，我们的教育非但没有提升年轻人，反而使之低劣、堕落。思之令人痛心疾首。

试比较泰纳这段话与保罗·布尔热在《海外》（*Outre-Mer*）里论述美国教育的一段话，颇有教益。布尔热也指出，我们的教育只培养心胸狭隘、缺乏主动性和意志力的资产阶级，或无政府主义者。"这两种文明人同样有害，堕落，只会陈词滥调，疯狂搞破坏。"他也比较了我们的公立学校和美国人的学校；我们的学校是制造退化的工厂，美国人的学校为生活培养优才。我看，对这个问题的反思再多也不为过。这一比较赫然展现了一条鸿沟。真正的民主国家和口头上民主、思想上不民主的国家之间的差异，实在是很大。

上面这段文字是否偏离了群众心理学的主题？当然没有。如果想要知道今天在群众中萌芽、明天就要出土的观念和信念，就必须了解土壤是如何准备的。提供给年轻人的教育使他了解，未来的国家会是什么样子。为当前这一代人提供的教育，有理由使人灰心丧气。民众思想的改善或退化，一定程度上取决于教育。因此有必要说明：这种思想是如何由当前流行的制度打造的；冷漠而中立的民众如何变成了一支心怀不满的大军，时刻准备着听从乌托邦分子和巧舌如簧者的暗示。今天，能找到无政府主义者的地方，正是教室；为拉丁民族走向衰败铺平道路的，也正是教室。

保罗·布尔热（M. Paul Bourget，1852—1935），法国小说家、批评家。

第六章　群众的意见和信念里的直接因素

经典名句

- 政治家最必要的任务之一，就是用受欢迎的词语或者至少是中性的词语，为民众难以容忍的顶着旧名称的事物进行洗礼。词语的威力非常强大，选择得当就足以使最可恶的事情被群众接受。

- 推动各民族演化的主要因素，从来就不是真理，而是谬误。群众从不渴望真理，面对不合口味的证据，他们会转身离去。假如谬误有诱惑力，他们宁可把谬误神化。

- 催生情感的不是理性，情感对理性置之不理。情感是一切文明的主要动力，名誉、自我牺牲、宗教信仰、爱国主义、对荣誉的热爱等情感都是文明的动力。

"精明的托克维尔早就说过,执政官和帝国特别要注意用新词语给过去的大多数制度穿上一套新衣。"

上一章研究了间接的预备性因素，它们赋予群众心理特殊的易感性，使某些情感和观念得以发展。我们尚需研究影响群众心理的直接因素。在这一章里，我们将看到，如何将这些因素付诸实践并使之充分发挥作用。

本书的第一部分研究了集体的感情、观念和推理方式。根据这些知识，显然可以推导出一些让群众形成深刻印象的方法。我们已经知道，什么能激发群众的想象力，也熟悉了暗示的威力和传染性，对形象展示的暗示，尤其比较了解。然而，正像暗示可以有完全不同的来源一样，能对群体心理产生影响的因素也相当不同，因此有必要对这些要素予以分别研究。这种研究并非无益。群众就像古代神话中的斯芬克司，我们必须解答其心理问题，否则我们就会被这个怪物吞噬。

一、形象、词语和套话

研究群众的想象力时，我们已经看到，他们特别容易接受因形象而产生的印象。这些形象并非总是唾手可得，但如果妙用词语或套话，形象是可以激活的。借助艺术手法，它们就拥有了神奇的力量，这是巫术高手赋予形象的魔力。它们能在群众心里掀起最可怕的风暴，反过来，它们也能平息风暴。那些词语和套话的受害者，用他们的尸骨就可以堆砌起一座金字塔，甚至比胡夫金字塔还要巍峨。

词语的威力与其唤起的形象关系密切，同时又独立于其真实含义。意义界定最不明确的词语产生的影响有时反而最大。比如，"民主""社会主义""平等""自由"等词语，其含义极为模糊，即使卷帙浩繁的大部头也不足以确定其意义。然而，可以肯定地说，这些音节短小的词语上附着了神奇的威力，仿佛是解决一切问题的灵丹妙药。五花八门的潜意识抱负及实现这些抱负的希望，全都被这些词语集于一身了。

推理与争论不能对抗某些词语和套话。它们在群众集会的场所被说出来，庄严肃穆。甫一出口，听众就肃然起敬，洗耳恭听。许多人视其为自然的力量，甚至是超自然的力量。它们在群众心中唤起壮丽而模糊的形象。然而，正是模糊的形象使词语云遮雾罩、朦朦胧胧，使其神秘力量被放大了。它们是神龛背后的神灵，虔诚的膜拜者诚惶诚恐，战战兢兢。

词语唤起的形象独立于它们的含义。形象因时代而变，因民族而异。相反，套话则维持不变。有些转瞬即显示的形象附着于某些词语：词语仿佛是电铃按钮，一按就能唤醒形象。

并非一切词语和套话都拥有唤起形象的力量，有些词语曾拥有这种威力，但在使用的过程中又失去了这种威力，不能再唤起头脑的反应,成了空洞的声音,其主要功用是让使用者不必再去费力思考。我们用年轻时学到的少量套话和陈词把自己武装起来,便拥有了应付生活所需要的一切,再也不必对任何事情冥思苦想。

研究任何一门语言时,我们都会发现,这门语言中的词语在时代变迁中变得很慢,相反,其唤起的形象或附着于其上的含义却在不停地变化。这就是为什么我在另一本书中断言,准确地翻译一种语言,尤其是业已死亡的语言,是绝对不可能的。我们用一句法语来取代一句拉丁语、希腊语或梵语的句子时,或者尝试理解一本两三百年前用我们的母语写成的书时,我们实际上是在做什么呢?我们在用现代生活赋予我们的智慧的形象和观念,去替代古人生活里与我们截然不同的观念和形象,仅此而已;后者存在于古人的头脑中,古人的种族与我们不同,生活状况也与我们没有相似之处。大革命中的人可能会想象自己正在模仿古希腊和古罗马人,然而,他们在做什么呢?他们只不过是在赋予古代词语一些从未有过的含义。古希腊人的制度与今天的对应词语所指的制度有何相似之处呢?彼时的共和国本质上是贵族统治的制度,少数专制者结盟统治大群绝对服从的奴隶。这是贵族的集体统治,以奴隶制为基础;没有奴隶制,贵族共和制一天也不能存在。

再说"自由"一词。彼时,没有人想过思想自由的可能性,议论城邦的神祇、法典和习俗就是最严重、最异常的犯罪,"自由"的含义与我们今天赋予它的含义哪有相似之处呢？又比如"祖国"。对于雅典人或斯巴达人而言，其意义只能是雅典崇拜或斯巴达崇拜，岂有他哉？它绝对不可能指全希腊崇拜，因为彼时的希腊城邦兄弟阋墙、互相攻伐、战火不息。在古代高卢，"祖国"又能有什么含义呢？它分割为相互敌视的部落和种族，各有不同的语言和宗教。恺撒之所以能轻易征服它们，正是因为他总是能从中找到自己的盟友。罗马人缔造了一个高卢人的国家，那是因为他们赋予了它政治和宗教上的统一。没必要追溯那么遥远，仅仅二百年前，我们能够相信，彼时法国王公的"祖国"观念和我们今天的观念一样吗？他们和伟大的孔代（Condé）亲王一样，与外国人结盟反对自己的君主。词还是那个词，意义却不一样。那些法国保皇党人旅居国外，反对法国，认为自己是在恪守节操。他们认为，自己为荣誉而战，因为封建法律把仆从和主子捆绑在一起，而不是与国土联系在一起。所以，君主在哪里，祖国就在哪里。由此可见，他们眼中的"祖国"和现代人眼中的"祖国"是多么不同。

意义随着时代的变迁而发生深刻的变化，这样的词语比比皆是。只有经过了长时间的努力，我们才能理解它们原来的意思。有人说，即使想正确地理解"国王""王室"这类词对我们的曾祖父一辈意味着什么，也需要做大量的研究。此言不虚。意义更为复杂的词语，情况也就可想而知了。

可见，词语只拥有变动、短暂的含义，语义随时代变迁，因民族而异。若想用词语去影响群众，那就必须知道特定群众在特定时刻赋予它们的含义，而不是它们过去的含义，也不是精神状态不同的个人赋予它们的含义。

由于政治动荡和信仰变化，群众对某些词语唤起的形象深感厌恶。此时，明智的政治家的当务之急，就是变换词语而不伤及词语所表现的事物，因为这些事物与流传下来的制度息息相关，难以改变。精明的托克维尔早就说过，执政官和帝国特别要注意用新词语给过去的大多数制度穿上一套新衣，也就是用新词语替代在群众脑子里唤起不愉快形象的词语，让新词语防止不愉快的联想。"佃租"变成了"土地税"，"盐赋"变成了"盐税"，"徭役"变成了"间接捐纳"，"苦力活"变成了"义务"，商号和行会的税款变成了"执照费"，如此等等。

托克维尔（Alexis de Tocqueville, 1805—1859），法国作家、政治家，曾游历美国，所著《论美国的民主》成为经典之作。

如此看来，政治家最必要的任务之一，就是用受欢迎的词语或者至少是中性的词语，为民众难以容忍的顶着旧名称的事物进行洗礼。词语的威力非常强大，选择得当就足以使最可恶的事情被群众接受。泰纳正确地指出，正是利用了"自由"和"博爱"这两个走红的字眼，雅各宾党人才能够"建立起堪比西非达荷美（Dahomey）的暴政、类似宗教法庭的特别法庭，发起了近似古墨

第六章 群众的意见和信念里的直接因素 | 101

西哥人的大屠杀"。统治者的艺术,和辩护律师的艺术一样,首先是驾驭辞藻的学问。这门艺术的最大困难之一就是,在同一个社会,同样的词语对不同的阶层往往有不同的含义;表面上,人们用词相同,但不同的阶层所用的语言是绝不相同的。

在以上事例中,时间是引起词语含义变化的主要因素。然而,如果再考虑种族这一因素,我们就会看到,在同一个时期,在文明程度相同但种族不同的人中间,相同的词语常常对应着极不相同的观念;游历不广、阅历不丰的人不可能理解这样的差异,因此,我不打算过多地谈论这个问题。我只想说,正是民众用得最多的词语,在不同的民族中含义最不相同。今天,使用频率非常高的"民主"和"社会主义"等词语,正是这种含义迥然殊异的词语。

实际上,在拉丁民族和盎格鲁-撒克逊民族中,"民主"这个词对应着十分对立的观念和形象。对拉丁民族而言,"民主"更多地是指个人意志和主动性服从于国家所代表的社会共同体的意志和自主权。国家越来越被委以重任,指导一切、集权、垄断,制造一切产品。所有的党派,激进派、社会主义者、君主主义者,都有求于国家,无一例外。相反,在盎格鲁-撒克逊地区,尤其在美国,"民主"一词所指的却是个人意志的极大发展,国家要尽可能顺从,除了警察、军队和外交关系外,不允许国家支配任何事情,连公共教育也不让国家管。由此可见,同一个词,对一个民族而言,指的是个人意志和自主性对国家的臣服,以及国家的优势，而在另一个民族，却是指个人意志的极度发展和国家的彻底服从。①

二、幻觉

自文明出现以来，群众一直处在幻觉的影响之下。群众建造神庙、塑像和祭坛，献给幻觉的制造者，任何其他阶层的人都享受不到如此多的献祭。无论过去的宗教幻觉，抑或现在的哲学和社会幻觉，都是令人生畏、至高无上的力量。在我们这个星球上先后繁盛的文明中，都可以找到幻觉；在文明的滥觞期，这样的幻觉就出现了。迦勒底（Chaldea）和埃及的神庙、中世纪的宏伟的宗教建筑，以幻觉的名义建造；一个世纪前震撼欧洲的大动荡，以幻觉的名义发动；我们所有的政治、艺术和社会观念，也无不被打上幻觉的强烈烙印。偶尔，因为出现了可怕的动乱，人类抛弃了幻觉，却鬼使神差，注定要重塑幻觉。没有它们，人不可能走出原始的野蛮状态；没有它们，人又会很快回归野蛮状态。毫无疑问，幻觉是虚妄的影子，但它们是梦想之子，使各民族创造出值得夸耀的艺术或壮丽的文明。

丹尼尔·勒絮尔（Daniel Lesueur）写道：

---

① 在《民族进化的心理规律》一书里，我详细论述了拉丁民族和盎格鲁-撒克逊民族在民主理想上的差异。在独自游历考察的基础上，保罗·布尔热先生在他的新著《海外》中得出了大致相同的结论。

如果你毁掉博物馆和图书馆，把教堂前石板路上的一切宗教装饰和艺术丰碑统统推倒，人类伟大的梦想还会留下些什么呢？须知，那是宗教灵感的产物啊。让人们怀抱着那些希望和幻想吧，没有这些希望和幻想，人就难以生存。神祇、英雄和诗人之所以存在，原因就在这里。在50年的时间里，科学承担起了神祇、英雄和诗人的任务；但在渴望理想的心灵里，科学不得不做出妥协，因为科学不敢做出过分慷慨的承诺，因为它不能撒谎。

上一个世纪，哲学家们以极大的热忱，致力于毁灭宗教、政治和社会幻想，那是我们的祖辈千百年来赖以生存的幻想，然而，幻想被毁灭以后，希望和顺从的源泉随之枯竭。幻想被毁灭以后，哲学家们迎面撞上盲目而无声的自然力量；自然力对弱者无情，对怜悯置之不理。

哲学固然取得了很大进步，迄今却未能提供任何能使民众着迷的理想。然而，无论付出多大的代价，民众都必须拥有自己的幻想；像趋光的昆虫一样，他们本能地转向那些迎合他们需要的巧舌如簧者。推动各民族演化的主要因素，从来就不是真理，而是谬误。群众从不渴望真理，面对不合口味的证据，他们会转身离去。假如谬误有诱惑力，他们宁可把谬误神化。凡是能提供幻觉的人，都容易成为民众的主人；凡是毁灭幻觉的人，都会沦为牺牲品。

三、经验

让真理在群众脑子里扎根,经验几乎是唯一的有效机制;摧毁太危险的幻觉,经验也是唯一有效的机制。为达此目的,必须具备一个条件:经验的发生既要范围广阔,又要频率甚高。通常,一代人的经验对下一代人是没有用处的,因此,应用历史事实作为证据,往往达不到目的。历史事实的唯一作用是证明,经验必须在多大程度上一代又一代地重复才能产生影响,才能成功地动摇群众头脑中根深蒂固的错误观点。

毫无疑问,18 世纪和 19 世纪将被历史学家视为奇异实验的时代,任何其他时代都不曾尝试如此之多的实验。

最宏大的实验就是法国大革命。社会不可能遵照纯粹理性的指令而推倒重来;为了验证这个道理,竟然让数百万人死于非命,让欧洲在 20 年里陷入深刻的动荡。为了用实验证明,独裁者会让拥戴他们的民族损失惨重,竟然在 50 年里进行了两次破坏性的经验。尽管这两次实验的破坏性清清楚楚,但它们似乎还不足以令人信服。第一次实验的代价是三百万人的性命和一次入侵,第二次

梯也尔(Adolphe Thiers,1797—1877),法国政治家、历史学家、法兰西第三共和国首任总统,镇压巴黎公社,著有《法国大革命史》等。

实验导致法国失去领土，使人明白常备军的必要性。此后不久几乎就爆发了第三次实验，总有一天肯定有人会去尝试的。30 年前，为了让法国人相信，庞大的德国军队并不像人们普遍认为的那样，只不过是一支无害的国民警卫队①，我们不得不让那场损失惨重的战争爆发。为了让人承认，贸易保护会毁掉采月这一政策的民族，至少 20 年的灾难性实验难以避免。诸如此类的例子显然不胜枚举。

四、理性

上文历数了给群众的头脑留下印记的诸多因素，但从未提及理性，只是在必须指出其负面影响时，才提及它。

我们已经证明，群众不受推理的影响，只能理解胡乱拼凑的联系。因此，知道如何影响群众的演说家，总是诉诸情感而不是

---

① 在这一案例中，群众的舆论是由不同事物间的胡乱联系促成的，其机制我已在上文解释。那时的法国国民警卫队由平和的小业主组成，毫无纪律，大可不必认真对待。因此，凡是顶着同样名称的军队唤起的是相同的概念，都被认为是无害的。那时，领袖和群众犯了相同的错误，尤其是在进行归纳时，这种错误更易发生。我在这里指的是梯也尔，他通常紧随民意，绝不引领民意。他 1867 年 12 月 31 日在议会演说时声称〔转引自奥利弗（M. E. Ollivier）先生的一本近著〕，普鲁士的国民警卫队相当于法国的国民警卫队，故无关紧要，它的正规军和法国的正规军也相当。梯也尔这一断言的准确性和他预测铁路未来地位的准确性相当，他说铁路一点儿都不重要。

理性。逻辑定律对群众不起作用。① 为了让群众信服，首先要透彻了解使他们兴奋的情感，并假装分享他们的情感；然后，借助初级的联想，调动极具暗示性的概念，以极力改变他们的情感。若有必要，讲演者要能回到开讲时的观点，尤其要时刻预测他的演讲会激起群众的哪种情感。这使他必须根据讲演的效果修改措辞。如此，从一开始，精心准备、字斟句酌的长篇大论就没有必要了。如果演讲者遵循自己的思路而不是听众的思路，他的影响就被摧毁殆尽了。

讲究逻辑的人，习惯于被大致严密的推理说服。在面对群众讲话时，他们难免要诉诸这种说服方式。但当看到这种说服方式不起作用时，他们总是感到吃惊。一位逻辑学家写道："通常，基于三段论的数学结果是必然的结论……倘若一堆无机物也能遵

---

① 要给群众留下深刻印象并使之感动，逻辑规律能帮上的忙微乎其微。第一次注意到这一现象是在巴黎被围城的时候。有一天，我看到一群人把一位元帅押解到了当时的政府所在地——罗浮宫。群众义愤填膺，高声指控，说这名元帅打算把要塞的图纸卖给普鲁士人。大家一致要求立即处决这个叛徒。这时，一位政府官员站出来和群众对话，他同时也是一位著名的演说家。我想，这位政府官员肯定会指出群众的指控的荒谬。他会说，这位元帅正是要塞的建造者之一，而所谓的图纸，其实在任何一个书店都能买到。然而，让我目瞪口呆的是（那时我真是太年轻），他所说的和我想的完全不同。官员走到俘房面前，高声说："正义必将得到伸张，正义铁面无私。国防政府将完成对他的调查。在此期间，我们会把他关进监狱。"这个表面上的让步立刻让群众平静下来，并旋即解散。一刻钟以后，元帅就回家了。面对怒火冲天的群众，倘若晓之以理，遵循逻辑，元帅必定会被撕得粉碎。年幼无知的我那时还以为，讲道理是很有说服力的。

循三段论，它们也不得不赞同这样的结论。"毫无疑问，他说得对。然而，群众并不比无机物强多少，并不会遵循三段论，甚至不知道什么叫三段论。尝试用推理来说服原始的头脑，例如野蛮人或儿童的头脑，你就能知道，这种说理方式的价值是多么微乎其微。

推理与情感对抗，只会无功而返。洞察这个道理，甚至不必回到原始生命现象的水平。只需回想，就在几百年前，与最简单的逻辑对抗时，宗教迷信是多么顽强啊！在将近两千年的时间里，最耀眼的天才也不得不在宗教迷信的规矩面前低头。只是到了近代，其真实性才受到挑战。中世纪和文艺复兴时代有许多见多识广的开明之士，但没有一个人通过理性思考，认识到自己的迷信思想中幼稚的一面；对所谓的魔鬼的罪行，或烧死巫师的必要性，没有人表示过丝毫的怀疑。

群众不受理性的指引，是否该对此表示遗憾？我们不敢贸然肯定。毫无疑问，幻觉激发的热情和勇敢，推动人类走上了文明之路；在这方面，人的理性没有多大用处。幻觉是无意识力量的产物，无意识的力量引导我们前进，因而幻觉无疑是必不可少的。每个种族的精神构造中都携带着它命运的定律，它以不可抗拒的冲动顺从的，也许就是这个命运的定律；即使面对最不合理的冲动，它也只能服从这些定律。有时，各民族似乎都顺从一些神秘的力量，就好像那些让橡子长成橡树、让彗星在自己的轨道上运行的力量。

战场上的拿破仑

要管窥这些神秘的力量，只能到一个民族的进化过程中去寻找，而不是到孤立的事实里去寻找；虽然，有时，这一进化过程似乎是在孤立的事实中展开的。如果只考虑这些事实，历史就仿佛是由一连串不太可能的偶然机缘造成的。如果是那样，一个加利利的木匠就不可能成为存在了两千年之久的全能上帝了，以他为名的最重要的文明也就不可能创立了；同理，

> 加利利的木匠（Galilean carpenter），指耶稣，其父为木匠，居住在古巴勒斯坦的加利利地区。

几股从沙漠里冒出来的阿拉伯人就不可能征服希腊—罗马世界的大部分地区，也不可能建立起比亚历山大帝国更大的帝国了；再者，在欧洲十分发达的时代，各地的政权等级森严，一个名不见经传的炮兵中尉也不可能征服众多的民族及其国王。

第六章 群众的意见和信念里的直接因素

因此，让我们把理性留给哲人，而不是坚称理性能够管理人吧！催生情感的不是理性，情感对理性置之不理。情感是一切文明的主要动力，名誉、自我牺牲、宗教信仰、爱国主义、对荣誉的热爱等情感都是文明的动力。

第七章　群众领袖及其说服手法

经典名句

◆ 任何生灵，动物或人，一旦聚集，都会本能地让自己置于首领的威权之下。

◆ 断言越简明，证据和证明越贫乏，就越有分量。

◆ 群众的观念和信仰特别容易靠传染扩散，绝不会靠推理来普及。

◆ 一旦在议论中受到怀疑，威望就不再是威望。凡是能够长期维护自己威望的神与人，从来就不容许议论。为了让群众怀有敬畏之心，就必须与群众拉开距离。

"隐士彼得之类的人物,之所以能产生迷人的魅力,首先是因为他们自己迷恋一种信条。"

我们业已了解群众的精神构成，也明白了影响他们头脑的动机。留待研究的是，这些动机如何被启动，谁又能将其转化为实用的力量。

一、群众领袖

任何生灵，动物或人，一旦聚集，都会本能地让自己置于首领的威权之下。

就人类的群众而言，所谓首领，有时不过是一个小头目或煽动者，即便如此，他也发挥着重要的作用。他的意志是群众的核心，群众的意见借以达成一致。他是促使异质性群众被组织起来的第一要素，他为群众形成派别铺平道路。同时，他引导群众。群众是温顺的羊群，没有头羊就不知所措。

领袖起初常常是被领导者里的一员。他被一种理念迷惑，变成其信徒。他非常迷恋这一理念，对除此之外的一切视而不见。对他而言，一切相反的意见都是谬论或迷信。一个恰当的例子是罗伯斯庇尔，他对卢梭的哲学观念如醉如痴，竟然用宗教法庭的手段来予以推广。

让-雅克·卢梭（Jean-Jacques Rouseau，1712—1778），18世纪欧洲启蒙时代最伟大的思想家之一，激励了美国革命和法国大革命，对浪漫主义运动也产生了影响。著有《爱弥儿》《社会契约论》等。

我们所说的领袖，更多的是行动者，而不是思想家。他们没有目光敏锐、深谋远虑的天赋，也不可能有，因为这样的天赋容易导致犹疑不决。病态紧张、容易激动、半疯半癫、近乎疯狂的人，特别容易成为群众领袖的候选对象。即使他们坚持理念或追求的目标十分荒诞，但他们的信念却坚如磐石，一切理性思维对他们都不起作用。鄙视和迫害对他们没有影响，反而使他们更加坚定。他们牺牲个人利益、家庭以至于一切。在他们身上，自我保护的本能已被涤荡干净；他们孜孜以求的唯一回报常常就是殉难。强烈的信仰使他们的话具有极大的暗示力。群众总是乐意听从意志坚强的人，他也知道如何强制群众接受自己的意见。陷入群众的人完全丧失意志，本能地转向领袖，领袖具备他们所缺乏的品质。

民族从来就不缺少领袖，然而，并非所有的领袖都受到使徒般强烈信念的激励。群众领袖往往巧言令色，一味追求私利，通过奉承低劣的本能来说服追随者。如此，他们产生的影响固然很大，却难持久。他们以狂热的信仰激荡群众的灵魂，隐士彼得（Peter the Hermit）、路德、萨沃那洛拉之类的人物，以及法国大革命中的人物，之所以能产生迷人的魅力，首先是因为他们自己迷恋一种信条。所以，他们能在追随者的灵魂里唤起令人生畏的力量，即信仰的力量，信仰使人成为自己的梦想的奴隶。

马丁·路德（Martin Luther，1483—1546），德国宗教改革家，欧洲16世纪宗教改革的发起者。1517年10月31日，他发表《九十五条论纲》批评教皇政策，举起改革旗帜。这场改革对欧洲历史影响深远。

吉洛拉谟·萨沃那洛拉（Girolamo Savonarola，1452—1498），意大利宗教和政治改革家，发动佛罗伦萨起义，建立民主政权，后被教皇逐出教会并处死。

无论信仰是宗教的、政治的或社会的，也无论信仰的对象是一本书、一个人或一种观念，唤起信仰始终是伟大的群众领袖的作用。因此，领袖的影响总是很大。在人类所能支配的一切力量中，信仰最为惊人。福音书明示，信仰能移山填海，恰如其分。赋予信仰，就是赋予人十倍的力量。重大的历史事件都是由默默无闻的信徒造就的，除了信仰之外，他们别无多少依傍。风靡全球的伟大宗教，从此半球扩张到彼半球的庞大帝国，所依靠的并不是学者或哲人，更不是怀疑论者。

在上引事例中，我们介绍了伟大的领袖人物，他们为数极少，历史上很容易一一厘清。他们构成一个连续体的顶端，他们是强大的人杰，连续体的底层则是小领袖。在烟雾缭绕的小酒馆里，小领袖不停地向自己的同志灌输陈词滥调，慢慢使其入迷。对于这些话的含义，小领袖自己也不甚了了，但根据他的说法，只要将其付诸实践，就一定能实现一切梦想和希望。

在每个社会领域，从最高贵者到最低贱者，人只要一脱离孤独状态，立刻便堕入某个人物的影响之下。大多数人，尤其是群众中的大多数人，除了自己的专长之外，对任何问题都没有清楚而合理的想法。领袖就成为他们的向导。不过，领袖也可以被报刊取代，虽然效果很不理想，但它们为读者制造舆论，提供现成的套话，使他们不必动脑筋。

群众领袖握有非常专断的权威，这种专断正是拥有追随者的条件。常有人说，他们无须动用任何手段来支撑自己的权威，就能轻易使工人阶级中最动荡不安的人听命于自己。他们规定工时和工资标准，发布罢工命令；罢工的发动和结束，全凭他们一声令下。

如今，这些领袖和鼓动家越来越倾向于篡夺公权的位置，而政府听任自己的权威被质疑，使自己的力量被人削弱。这些新主子的暴政所带来的结果是：群众服从他们，相比于服从政府温顺得多。如果因为某种变故，领袖被迫离开舞台，群众就会回归原来的集体状态,既无凝聚力,也无抵抗力。不久前,在巴黎公共马车雇员罢工时,两个罢工领袖被捕,罢工随即结束。在群众的心灵里占上风的,并不是对自由的需求,而是当奴才的需求。他们一心一意服从领袖,无论谁自称是他们的主人,群众都会本能地表示服从。

这些首领和煽动家可以分成明显不同的两种。一种人充满活力,拥有坚强的意志,但一曝十寒。和他们相比,另一种人非常罕见,其意志力坚定不移。前一种人暴烈、刚勇,一身是胆。在领导突然决定的暴动、带领群众冒死前进、让新兵一夜之间变成英雄这种事情中,他们特别有用武之地。第一帝国时代的内伊(Michel Ney)和缪拉(Joachim Murat)就属于这种人;在我们这个时代,加里波第也属于这种人。加里波第别无所长,却是个精力充沛的冒险家。虽然那不勒斯守城的军队纪律严明,但仅靠一小队人马,他就征服了这个古老的王国。

这类领袖的活力值得重视,却难持久;激动人心的事业一旦结束,其作用随之消退。回归生活常轨后,就像上文列举的人一样,他们往往暴露出非常惊人的性格弱点。他们能领导别人,却好像不能在最简单的环境中思考并恰当行事。他们发挥领导作用时,需要有一些

加里波第(Giuseppe Garibaldi,1807—1882),意大利爱国者、将军,意大利建国三杰之一。

条件：本人也受人领导并不断地受到激励，某人或某一观念总是他们心中的灯塔，他们遵循既定的行动路线。相反，第二种领袖，即那些有顽强的意志力的人，尽管不那么光彩照人，影响力却要大得多。在这一类领袖中，可以找到宗教和伟业的真正奠基人，例如使徒保罗、穆罕默德、哥伦布和德·雷赛布。至于他们是否聪明，或心胸狭隘，都无关紧要：世界是属于他们的。其持久的意志力极为罕见、极为强大、所向披靡。坚强而持久的意志能够成就什么，这个问题并非总是能够得到恰当的评价。没有任何东西能抵挡坚强而持久的意志，自然、上帝、人，都难以抗拒意志。

强大而持久的意志能够产生什么结果，著名的德·雷赛布为我们提供了一个最新近的例子。他是把世界分成东西两半的人，他所成就的事业，在过去三千年里曾有最伟大的君主尝试过，但均徒劳而返。他后来败在一项几乎一模一样的事业上，但那是因为他年事已高；一切都会屈服于衰老，包括意志。

德·雷赛布（Ferdinand de Lesseps，1805—1894），法国外交官、工程师，成功开凿苏伊士运河，晚年尝试修建巴拿马运河，未果受辱。

单凭意志力能成就什么事业？只需细说历史，看看开凿苏伊士运河所克服的困难，即可说明。卡扎利斯博士（Dr. Cazalis）是这些工程的见证人，他用寥寥数语，按照雷赛布的口述，勾勒了这项伟大的工程，令人印象深刻：

> 日复一日，一事接一事，他讲述着关于运河的惊人故事。他讲述自己如何战胜一切，如何变不可能为可能。他讲述遭遇的一切反对意见，以及与他作对的联盟；他遭遇失望、逆境和失败，却不曾灰心丧气。他回忆英国如何不断打击他，法国和埃及如何迟疑不决，在工程初期法国领事馆如何带头反对他。他回忆那些人如何反对他，他们拒绝供应淡水，以迫使工人因口渴而逃亡。海军部部长和工程师，一切富有经验、受过科学训练的负责人，全都自然而然地变成了敌人，全都站在科学立场上，断定灾难近在咫尺，大祸即将临头，预告灾难某日某时会发生，就像预测日食一样。

讲述所有这些伟大领袖的生平的书，不会很多，但这些名字却与文明史上最重大的事件联系在一起。

二、领袖的动员手段：断言、重复和传染

如果想在短时间里煽动群众，诱使其干任何勾当或大事，譬如掠夺宫殿、死守要塞或路障，那就必须让暗示迅速生效，最有效的暗示就是榜样。为此目的，群众必须置身某种情境。最重要的是，希望影响他们的领袖应拥有一种独特的品质。关于这一点，有待下文深入研究，我将其称为威望。

但是，若要用思想和信念，比如现代社会理论，去灌输群众的头脑，群众领袖还要借助多种手段。最重要的特征鲜明的手段有三种：断言、重复和传染。它们发挥作用比较缓慢，然而一旦生效，持续的时间却非常持久。

纯粹而简洁的断言，不带任何推理和证据，是最可靠的手段之一，能确保观念钻进群众的头脑。断言越简明，证据和证明越贫乏，就越有分量。各个时代的宗教和法律典籍，全都诉诸简单的断言。政客用断言号召人们捍卫政治事业，商人用广告推销产品，他们都熟悉断言的价值。

然而，除非经常重复，并尽可能用同样的措辞重复，否则断言就不能产生真正的影响。我记得拿破仑说过，重要的修辞格只有一种，那就是重复。靠重复得到肯定的事情，在群众的头脑中扎根，结果它就被视为业已经过证明的真理了。

重复对最有见识的人也产生影响，认识到这一点，重复对群众的影响就可以理解了。重复的力量归因于一个事实：从长远看，被重复的断言进入我们的无意识自我的深处，这是我们的行为动机形成的地方。最后我们就会忘记是谁最初下了这个断言，只要深信不疑就足够了。广告的威力令人吃惊，原因就在这里。如果我们千百次读到这样的广告，它说 X 牌的巧克力最棒，我们就会想象周围的人都说它最棒，最终我们会确信，这就是事实。如果我们千百次读到，Y 牌药粉治好了身患顽疾的最知名的人士，那么当我们患上了类似的疾病时，我们就会被引诱去试用这种药粉。如果我们总是在同样的报纸上读到，某甲是彻头彻尾的流氓，某乙是最诚实的君子，我们最后就会相信，这就是事实，除非我们常读的是一家观点相反的报纸，它把两人的品质完全颠倒过来。唯有断言和重复可以强大到旗鼓相当，相互拼杀。

如果一个断言得到足够多次的重复，且在这一过程中万众一心，舆论之潮随即形成，强大的传染机制随之启动，宛若著名的金融业者财力雄厚，足以收购所有股东。在群众中，观念、情感、情绪和信念，都拥有强大的传染力，就像病菌一样。这种现象十分自然，即使在成群的动物中，也可以看到这种现象。马厩里的一匹马啃料槽，其他马就开始效仿；几只羊受惊，羊群很快就会受惊。在成群的人中，一切情绪都迅速传染；恐慌的突发性，就可以这样解释。神经错乱比如疯狂，本身也有传染性。精神病专家常犯精神病，这一现象广为人知。事实上，最近有人提到一些疯病，例如广场恐惧症，也能由人传染给动物。

许多人聚集在同一地点，并不是他们受传染的必备条件。有些事件使所有受影响的人产生一种独特的倾向，赋予他们群众的性格；在这种事件的影响下，相距遥远的人也能感受到传染的力量。当人们在心理上已有准备，并受到了前述间接因素的影响时，就更是如此。一个恰切的例子是1848年的革命运动。革命在巴黎爆发后，革命风暴席卷了大半个欧洲，使一些王朝摇摇欲坠。

很多社会现象被归因于模仿，但实际上，模仿只不过是传染的结果。在另一本著作里,我已展示了传染的影响。在这里,我只想引述 15 年前的一些论述。当然,自那时起,其他作者对我的论述也做了一些发挥。

像动物一样,人有模仿的自然倾向。如果模仿很容易,模仿就成为必然。使所谓时尚如此强大的,正是模仿的必然性。在意见、观念、文学作品甚至服装方面,多少人有足够的勇气与时尚作对呢?指引群众的是榜样,而不是论证。每个时期都有少数个性强的人,他们对其他人产生影响,而大批人无意之间模仿他们。然而,这些个性强的人不能太露骨地反对公认的观念。倘若是这样,他人就很难模仿他们,他们的影响就等于零。因此,那些太超前的人,一般不会对时代产生影响。这条分界线太鲜明了。同理,尽管欧洲人的文明有很多优势,他们对东方民族的影响却微乎其微。两者的差别实在太大。

从长远来看,在历史与相互模仿的双重作用下,同一个国家、同一个时代里的所有人都很相似。即使哲人、学人和文人都很相似,表面上,他们注定免于这种双重影响,然而他们的思想和风格也散发着相似的气息,使人一望而知他们所属的时代。与人交谈时,不用很久，你就能透彻了解他读过什么书，有何消遣，生活环境如何。①

传染的威力十分强大，不但把观念强加于人，而且强制人接受一些感情模式。有些著作在某个时期因为某种原因而受鄙视，然而几年后却因为同样的原因被人赞不绝口，鄙视它和称赞它的是同一批人。《汤豪舍》即为一例。

> 《汤豪舍》（*Tannhäuser*），德国作曲家理查德·瓦格纳（Richard Wagner）的一部歌剧作品。

群众的观念和信仰特别容易靠传染扩散，绝不会靠推理来普及。目前工人阶级里流行的观念，是他们在酒吧里学到的，是断言、重复和传染的结果。实际上，每个时代群众信念的创建方式，几乎没有差别。勒南就把基督教创建者比喻为社会主义运动的工人，说他们是"从一个酒吧到另一个酒吧传播思想的社会主义运动的工人"。谈到基督教时，伏尔泰也指出，"在一百多年里，接受它的

欧内斯特·勒南（Ernest Renan, 1823—1892），法国史学家、神学家和哲学家，著有《耶稣传》。

---

① Gustave Le Bon, *L'Homme et les Sociétés*, vol. ii. 1881, p. 116.

人都是些最低贱的乌合之众"。

应当指出,和刚才提到的情况相似,在平民阶层发挥作用以后,传染机制也会扩散到社会上层。传染的威力是极其强大的,在它的作用下,甚至对个人利益的考虑也会消失得无影无踪。

这可以用来解释一个事实:平民大众接受的每一种观念,最终总是会以其强大的力量在社会的最上层扎根,无论这一观念的荒谬性是多么明显。社会下层对社会上层起反作用,这一现象更为奇特。这是因为,群众的信念或多或少总是起源于一种更高深的理念,而这种高深的理念在它的起源地反而没有产生影响。领袖和鼓动家被这一高深的理念征服,抓住它,扭曲它,创建一个宗派;接着,这个宗派进一步扭曲它,在群众中推广它;群众又使这个扭曲的过程变本加厉。这一理念成为受欢迎的真理后,又回到其发源地,对民族的上层产生影响。长远来看,塑造世界命运的是人的聪明才智,但聪明才智的作用是非常间接的作用。当智者仁人的思想经由我所描述的这一过程大获全胜时,他们早已化为尘土了。

三、威望

靠断言、重复和传染而普及的观念,因环境而获得了巨大的威力;届时,观念就拥有了一种神奇的力量,即威望。

无论世界上的统治力量是什么,无论它是观念还是人,它强加的权威都要借助一种难以抗拒的力量,那就是"威望"。人人都能把握这个词的意思，但其诸多用法大相径庭，因此不容易加以定义。从威望中能衍生出钦佩或恐惧。有时，连这些情感也成为威望的基础，但没有这些情感威望也能够存在。最高的威望归亡灵所有，因为我们不再惧怕他们，亚历山大、恺撒、穆罕默德和佛祖就享有崇高的威望。另一方面，还有一些虚构的存在物，我们并不崇拜。印度地下神庙里可怕的神灵即为一例，它们也被赋予了威望，也令我们印象深刻。

实际上，威望是个人、作品或观念对我们头脑的支配力。这种控制使我们的批判力完全瘫痪，让我们心中充满惊讶和尊敬。像所有情感一样，这种情感难以理解；不过，它好像与使人痴迷的魅力并无不同。威望是一切权力的主因。没有威望，神祇、帝王、美女的魅力就丧失殆尽。

威望可以分为两大类：后天获得的威望和人格的威望。后天获得的威望来自名气、财富和荣誉。后天获得的威望可以独立于人格的威望。相反，人格的威望在本质上为一个人所特有。它可以和名气、荣耀、财富共存，或由此得到加强；然而，即使没有这些因素，人格的威望也完全能够独立存在。

后天的威望即人为的威望更为常见。占据了某一位置、拥有了一定的财富、获封了某种头衔后，个人就被赋予威望，无论他的价值是多么微乎其微。穿军装的士兵、着法袍的法官总是让人尊敬。帕斯卡尔说得对，法袍和假发是法官必不可少的装饰。没了这些，其权威就会折损一半。声称拥有王公贵族的头衔，打劫

布莱士·帕斯卡尔（Blaise Pascal，1623—1662），法国数学家、物理学家、哲学家、散文家，著有《致外省人书》《沉思录》等。

生意人就会轻而易举。①

刚才说的威望，是由人来体现的。与之并列的威望，还有一些是靠意见、文艺作品等达成的。后一种威望往往只是长年累月重复的结果。历史，尤其是文学史和艺术史，只不过是对相同判断的重复。谁也不努力去证实这些判断，结果，人人都重复他在学校里学到的东西，直到一些谁也不敢置疑的名称和事物确定下来。对于现代读者来说，研读荷马肯定是让人极为厌烦的事情，但谁敢这么说呢？巴台农神庙仅存一堆废墟，了无趣味，但被赋予了

---

① 头衔、装饰和制服对群众的影响，在所有的国家都可以追踪；即使在个人独立情感最发达的国家，也可以找到这样的蛛丝马迹。为此目的，我从一本新出版的游记中抄录一段奇文，以显示大人物在英国享受的威望：

在各种场合下，我都注意到，接触或看到一位贵族时，最理智的英国人也表现出很陶醉的样子。

只要该贵族拥有的财富使他能够维持自己的爵位，他事先便可断定人们会爱戴他。只要能与他交往，人们会心甘情愿地在他手下忍受一切。看得出来，当他露面时，他们高兴得脸上发光；当他面向平民讲话时，极力克制的欢乐使他们憋得面红耳赤，眼里闪烁着不同寻常的光芒。可以说，英国人的血液里就流淌着对贵族的崇敬，就像西班牙人热爱舞蹈、德国人热爱音乐、法国人喜欢革命一样。英国人对骏马和莎士比亚的热情不那么强烈，这些东西带给他们的满足和骄傲也算不上他们的生活不可分割的一部分。描绘贵族的图书相当畅销，随处可见，就像人手一册的《圣经》。

很大的威望,以至于在我们眼前呈现为另一种形象,它拥有众多的历史记忆。威望的特点就是使我们看不见事物的本来面目,使我们的判断力彻底麻木。群众在一切问题上都亟须现成的意见,个人一般也是一样的。这些意见的流行与其正确或错误的程度毫无关系,只受威望大小的制约。

我们现在谈人格的威望,其性质与刚才所说的人为即后天的威望全然不同。这一品质和任何头衔、权力都毫无关系,只有少数人拥有这样的品质;这些人的威望对周围的人来说具有十分迷人的魅力。虽然这些人与他人的社会地位平等,而且他们缺乏平常的统治手段,但他们还是魅力十足。他们使周围的人不得不接受其思想感情,众人服从他们,就像吃人不眨眼的野兽被人驯化了一样。

伟大的群众领袖,比如佛祖、耶稣、穆罕默德、圣女贞德和拿破仑,都享有极高的威望,他们达到的地位和这种天赋的威望关系密切。神祇、英雄和教义之所以在世界上所向披靡,都是由于其内在的力量。然而,它们是不容讨论的,一旦讨论,便踪影全无。

上述伟人成名前,早就具有迷人的力量;如果没有这种力量,他们是

圣女贞德(Joan of Arc,1412—1431),法国民族英雄,在英法百年战争中率领法国军队对抗英军的入侵。

不可能成名的。显然，达到荣耀顶峰时的拿破仑，仅仅因为他掌握的权力，就享有崇高的威望；然而，在未握重权、默默无闻时，他已经拥有相当的威望。当他还是个名不见经传的将军时，多亏上层权势人物的庇护，他被派去指挥法国的意大利方面军。到任时，他发现周围的将军很粗鲁，他们一心要给这个统帅部派来的年轻闯入者一个下马威。然而，甫一见面，无须借助任何演说、姿态或威胁，他们就被这位即将成名的伟人征服了。泰纳根据当时人的回忆录，撷取了一段引人入胜的文字，描绘了这一次会晤的情境：

> 师部的将军中有一位名叫奥热罗（Augereau），霸道、粗鲁、蛮勇、魁梧、彪悍，自信满满。他来到参谋本部，对巴黎派来的小个子暴发户满腹怒气。部队中流

拿破仑视察军营。

传着此人如何了得,但奥热罗打算不予理睬,不会服从。这个小个子不过是巴拉斯的宠儿,因葡月政变而晋升将军、因巷战而成名而已;他像熊一样笨拙,老是独自沉思,其貌不扬;不过,他有数学家和梦想家的美名。将军们欲逐一进帐面见指挥官,波拿巴让他们等候接见。过了一阵子,他终于露面,佩剑,戴帽,与诸位将军晤面。他解释部署,下达命令,宣布解散。此间,奥热罗一直沉默不语。直到退

保罗·巴拉斯(Paul Barras,1755—1829),法国大革命时期的政治家,督政府中最有权势的人物。

出营门,他才沉着自信,恢复常态,骂骂咧咧。他附和马塞纳的看法,这个小个子魔鬼将军使他感到敬畏,他无法理解那种一见面就能压倒人的气势。

> 在"葡月政变"中,巴拉斯大胆任用拿破仑作为前敌指挥,叛乱很快被粉碎。拿破仑因此获得了"葡月将军"的称号。

变成大人物后,拿破仑的威望与他的荣耀同步增长。至少在追随者眼里,他已和神灵齐名。一介武夫旺达姆(Vandamme)将军是大革命时代的典型军人,比奥热罗更粗野,更精力充沛。1815 年,在与阿纳诺(d'Arnano)元帅一起

翻越阿尔卑斯山脉的拿破仑

登上杜伊勒里宫的楼梯时，谈到了拿破仑："那个魔鬼般的家伙吸引我的魔力，我自己也无法解释。我不怕神不怕鬼，但一看到他，我就禁不住颤抖，像个小孩子一样。他能使我钻过针眼，赴汤蹈火。"

凡是和他接触过的人无不受到这种魅力的影响。①

谈到马雷（Maret）和他本人对拿破仑的忠诚时，达武（Davoust）曾说："倘若皇帝对我们说，'毁灭巴黎，不让一个人离开或跑掉，这对于我的政策至关重要'，我相信，马雷是会严守秘密的，不过，他还是忍不住会把家人送出巴黎。我则相反，因为怕泄露情报，我会把妻子儿女留下来。"

我们有必要记住这种命令让人震惊的力量，如此才能够理解

---

① 拿破仑完全了解自己的威望。他知道，如果他把自己身边的大人物看得还不如一个马夫，他的名望就会有增无减。大人物中包括国民议会里的一些令欧洲人心胆战的显赫人物。当时的许多闲谈都可证明这一事实。在一次国务会议上，拿破仑粗暴地羞辱伯尼奥（Jacques Beugnot），把他当作失礼的男仆。羞辱见效后，他走到伯尼奥面前说："喂，笨蛋，你找回脑子了吗？"伯尼奥身型高大，像个鼓乐队领队，却对拿破仑深深鞠躬，以示臣服。小个子拿破仑伸手揪住他的耳朵。伯尼奥写道："这是令人陶醉的宠信迹象，是我所熟悉的主人仁慈的亲切姿态。"诸如此类的事情使人清楚地认识到，威望能激发多么卑贱的陈词滥调，使我们理解，这个大暴君对身边的人的态度是多么轻蔑，他只把他们视为"炮灰"。

拿破仑从厄尔巴岛卷土重来的奇迹。他孤身一人，面对的是全国一切有组织的力量，而这个国家对他的暴政也许已经深感厌恶。然而，他却闪电般地征服了法国。只需他瞪一眼，发誓抓捕他的将军们未经商议就在他的面前俯首称臣了。

拿破仑从厄尔巴岛卷土重来。

英国将军吴士礼（Garnet Wolseley）写道：

> 流亡厄尔巴岛的"皇帝"拿破仑，几乎单枪匹马在法国登陆，几周之内，不流一滴血，就把合法国王统治下的法国权力组织统统推翻。如果一个人想证明自己的权势，还有比这更惊人的方式吗？在拿破仑这场最后的战役中，从头至尾，他对同盟国的优势是多么惊人啊！他牵着同盟国的鼻子，差一点就将其打败！

第七章 群众领袖及其说服手法

他的威望长于他的寿命，而且仍在不断增长。仰仗他的威望，他那鲜为人知的侄子当上了皇帝。直到今天，关于他的传奇故事仍然生动形象，足见人们对他的怀念是多么强烈。他随心所欲地迫害人，发动一次又一次的征伐，屠杀数以百万计的人——倘若你有足够的威望并有支撑威望的天分，人们允许你这样做。

无疑，这个例子极不寻常。然而，为了清楚地说明伟大的宗教、学说和帝国的起源，援引这样的范例，大有裨益。如果没有威望对群众施加影响，这样的历史发展就会变得不可思议。

但是，威望并不仅仅以人格优势、显赫战功和宗教恐怖为基础。它可以源于比较普通的人物，其力量也不可小觑。本世纪就有几个这样的范例。其中最杰出的一位，后世将永志不忘，这就是著名的雷赛布。他把亚、非两大洲分隔开来，改变了地球的面貌和通商关系。他建功立业，因为他有强大的意志，还因为他能牢牢吸引身边的人。为了驳斥众口一词的反对，他只需要展现自己的才干。他言简意赅，魅力四射，化敌为友。英国人尤其反对他的运河计划，但是他在英国一露面，就把赞成票一网打尽。晚年，他路过英国南安普顿时，教堂钟声齐鸣，向他致意。如今，有人在英国发起一场运动，准备为他建一尊雕像。

"他征服了必须征服的一切——人和事、沼泽、岩石、沙地。"他不再相信任何障碍，希望复制苏伊士运河的经验，开凿巴拿马运河。他按老办法着手这项工程，但是他年事已高。此外，纵有移山志，山高也难撼。高山挡路，接踵而至的灾难也侵蚀了这位英雄身上耀眼的光环。他的一生使我们懂得，威望何以能增长，又何以能消失。他的丰功伟业足以同历史上最伟大的英雄媲美，却被法国法官判罪，打入最卑贱的罪犯之列。他去世时，没人扶灵，灵柩经过处，群众无动于衷。只有外国首脑悼念他，表示敬意，视他为历史上最伟大的人物之一。①

刚刚援引的这些人和事是极端的例子。若要对威望心理学做仔细的探究，就必须将这些范例置于一系列事例中的两个极端。一端是宗教和帝国的创立者；另一端是普通人，他试图向邻居炫耀新外套或新服饰。

---

① 奥地利的一家报纸，维也纳的《新自由报》（Neue Freie Presse）以很大的篇幅讨论了雷赛布的命运，深刻的反思表现出极为精到的心理学洞见。兹抄录如次：

雷赛布被定罪之后，我们再无权对克里斯托弗·哥伦布的悲惨结局感到惊讶了。倘若雷赛布是恶棍，一切高尚的幻觉都是罪行。古人会用荣誉的光环纪念他，会让他饮下奥林匹克的甘露，因为他改变了地球的面貌，完成了使万物更加完美的任务。上诉法院的审判长因雷赛布而成了"不朽"的人物，各民族总是需要这类人，正是这个审判长胆敢糟蹋我们这个时代，把罪犯的帽子扣在一位老人的头上，雷赛布的一生为当代人增添了荣光。

在官僚机构憎恨大胆创举的地方，再也不要谈论什么不可动摇的正义的未来！各民族都需要拥有雄才大略的人，他们充满自信，决心克服一切艰难险阻，不顾个人安危。天才不可能谨小慎微，谨小慎微绝对不可能拓宽人类的活动范围。

雷赛布品尝了胜利的陶醉与失望的痛苦——苏伊士和巴拿马。此刻，他这颗心在反叛所谓成功的道德。他成功地贯通了两个大洋时，国王和人民向他致敬；如今，当他败在科迪雷拉斯（Cordilleras）的岩石面前时，他不过是个庸俗的骗子。在这个结局中，我们看到了社会各阶级之间的战争，看到了官僚和雇主的不满。他们用刑法报复、惩罚那些出类拔萃的同胞。面对人类的天才崇高的思想时……现代立法者内心窘迫，公众对这些思想知之更少。大检察官容易罗织罪名，指控非洲著名探险家斯坦利是杀人犯，雷赛布是骗子。

1891年，巴拿马运河公司清算法庭的审判。

在这两极之间，构成文明的各种要素催生的威望的形式，如科学、艺术、文学等，都有一席之地。我们可以看到，威望是说服群众的一个基本要素。有意无意之间，由于传染的作用，有威望的人、观念或事物，都立即被人模仿，整整一代人都不得不接受某些情感模式或表达思想的模式。而且，这种模仿通常是不自觉的，这可以解释模仿何以会相当完美。临摹文艺复兴前的艺术家的单调色彩和僵硬姿态的现代画家，极少能够比他们灵感的来源更有创造力。他们相信自己的真诚，但若是没有一位杰出的大师能复活这种艺术形式，人们就只能看到这些作品幼稚、低级的一面。模仿一位著名大师的艺术家，在画布上涂满了紫罗兰色调，然而他们在自然界看到的紫罗兰色调并不会比50年前那位大师看到的更多。他们受到了那位画家的影响，即"暗示"，那是大师富有个性的特殊的印记。虽然性格古怪，他却获得了崇高的威望。对于文明的各种要素，类似的例子不胜枚举。

从以上的论述可以看出，威望的产生与若干因素有关，成功总是最重要的因素之一。每个成功人士，每个得到承认的观念，都因为成功而不再受人怀疑。成功是走向威望的主要踏脚石，其证据是，二者一损俱损，一荣俱荣。昨天受群众拥戴的英雄，一旦今天失败，立即就会受到侮辱。实际上，原来的威望越高，受到的侮辱就越强烈。此时，群众会把倒下的英雄视为与自己一样的普通人，对自己曾向其低头哈腰的英雄进行报复，不再承认他的优越性。罗伯斯庇尔曾处死自己的同伙和大量的同时代人，享有崇高的威望。后来，几张选票的转移就剥夺了他的权力，他的威望立即丧失，群众齐声咒骂，并把他送上了断头台，那是他不久前处死政治对手的断头台。信徒改宗时，总是怒火冲天地砸碎以前信奉的神祇的塑像。

罗伯斯庇尔被处死。

第七章 群众领袖及其说服手法

因缺少成功而失去的威望，短时间内就消失得无影无踪。威望也可能在议论中被逐渐磨蚀，只是消磨得稍慢一些而已。无论如何，议论的力量极为强大。一旦在议论中受到怀疑，威望就不再是威望。凡是能够长期维护自己威望的神与人，从来就不容许议论。为了让群众怀有敬畏之心，就必须与群众拉开距离。

第八章　群众的信念与意见变化的局限性

经典名句

- 伟大的信念开始衰亡的时刻很容易辨认,那就是其价值开始被质疑的时刻。所谓被普遍接受的信念不过是一种虚构,其存活依靠一个条件:不被仔细查验。

- 凡是与种族的普遍信念和情感毫无联系的变化,都昙花一现,偏离主流的变化很快又回归主流。凡是与种族的普遍信念和情感毫无联系的意见,都不稳定,都得听任机遇的摆布,换言之,它们都得听任环境变化的摆布。

"正是为了寻求或坚守普遍信仰,很多人被送上火刑柱处死。"

一、牢固的信念

生物的解剖学特征和心理特征有很多相似之处。在这些解剖学特征中,你会看到一些不易改变或只会轻微改变的要素,改变它们所需的时间要用地质年代来计算。除了这些牢固的、难以摧毁的特征之外,还可以发现一些极易变化的特征,育种艺术和园艺艺术很容易使其改变;有时,这样的改变足以遮蔽原有的基本特征,不注意观察者看不到这样的改变。

在道德特征上,可以看到同样的现象。在难以改变的种族心理特征外,还能看到一些可变要素。因此,研究一个民族的信仰和意见时,总是可以探察到一个牢固的基础结构,容易改变的意见就被嫁接在这个基础之上,它们就像岩石表面上的沙土。

群体的意见和信念可以分成截然不同的两类。一方面是重要而持久的信仰,数百年不变,是整个文明的基础。过去的例子有封建主义、基督教和新教,我们这个时代的例子有民族主义原则,以及当代的民主观念和社会观念。第二类是短暂而易变的意见,它们通常是普遍观念的产物,每个时代都有,生生灭灭。例子有塑造文学艺术的各种理论,包括催生了浪漫主义、自然主义、神秘主义等的理论。这类意见通常位于文化表层，像时尚一样变化多端，又宛若涟漪、荡漾、消失，变化不停，池水的深层却维持不变。

重大而普遍的信仰数量十分有限，其兴衰构成种族历史的极点，成为文明的真正框架。

把暂时的意见灌输进群众的头脑，相当容易，让持久的信念在群众头脑里扎根却极为困难。然而，一旦扎根，要想根除这种信念也极为困难，只有借助暴力革命才能改变它们。通常，只有在旧的信念失去对头脑的控制时，革命才能成功。此时，革命的作用是做最后的清扫，原有的信念已经被弃之不顾，只是习惯势力妨碍它们被彻底抛弃。实际上，一场革命的开始就是一种信念的末日。

伟大的信念开始衰亡的时刻很容易辨认，那就是其价值开始被质疑的时刻。所谓被普遍接受的信念不过是一种虚构，其存活依靠一个条件：不被仔细查验。

然而，即使一种信念已经摇摇欲坠，基于其上的制度仍会维持原有的力量，只会缓慢地消失。最后，当信念的力量消失殆尽时，依托于其上的一切很快就会随之毁灭。迄今为止，除非注定不得不改变其文明的全部要素，否则，任何民族都不可能改变其信念。变化中的民族继续其转变过程，直到它落脚并接受一种新的普遍信念；在这个关键时刻来临之前，它必然处在无政府状态中。普遍的信念是文明不可或缺的柱石，决定着思想倾向。唯有普遍信念能激发信仰，培育责任意识。

各个民族都能意识到，获得普遍信念有好处，并且都出于本能可以了解，普遍信念的消失标志着自己民族的衰落。就罗马人而言，对罗马的狂热崇拜使之相信，罗马人能征服世界。这种信念消亡时，罗马就注定衰亡了。至于野蛮人，只有在获取普遍信念后，他们才能获得一定的凝聚力，才能摆脱无政府状态，才能摧毁罗马文明。

各个民族在捍卫自己的意见时，总是表现得不宽容，这显然不无道理。从哲学角度来看，它应该接受批评。然而在民族生活中，不宽容代表着最必要的品质。在中世纪，正是为了寻求或坚守普遍信仰，很多人被送上火刑柱处死；即使免于被处死，很多发明创造者或革新者也在绝望中饮恨而死。正是为了捍卫这样的信念，世界才经常天下大乱，千百万人才战死沙场，或将要战死沙场。

确立一种普遍信念的道路可谓困难重重，然而一旦扎根，它便长期无往而不胜；无论在哲理上多么荒谬，它都会被强加于最聪明的头脑。在长达1500多年的时间里，欧洲各民族不是一直认为，像摩洛克神一样野蛮[①]的宗教神话是不容置疑的吗？有一

[①] 我所谓野蛮是哲理上的意义。实际上，这样的宗教神话创造了一种全新的文明，1500年来，使人类窥见了令人心醉神迷的梦想和希望，人类再也体验不到这种神奇的经验了。

摩洛克神（Moloch）的画像

位神祇因为他创造的生灵里有一个人不听话，就让自己的儿子惨遭可怕的酷刑，借以报复人。在几百年的时间里，居然无人察觉这一神话可怕的荒谬性。即使伽利略、牛顿、莱布尼茨这样过人的天才，也不曾有一刻拷问这种教条的真实性。在这一事实里，普遍信仰的催眠作用再典型不过了。与此同时，这一事实再清楚不过地彰显，我们的智能令人羞愧，且很受局限。

一旦在群众的头脑中扎根，新的教条就会成为鼓舞人心的源泉，并从中演化出各种制度、艺术和生活方式。在新环境里，新的教条对人的支配是绝对的。重行动的人只想践行被普遍接受的信仰，立法者一心想将新的教条用于执法，哲学家、艺术家和文人一心想用各种各样的方式表现新的教条；除此之外，他们都不再有其他追求。

从基本信仰中可以派生出一些短暂的次要观念，它们总是带有基本信仰的印记。埃及文明、中世纪的欧洲文明、阿拉伯的穆斯林文明，盖源于少数几种信仰。在这些文明最微不足道的要素中，都留有这几种信仰的印记，这些印记是一望而知的。

正是因为这些普遍的信念，每个时代的人都被包裹在一个由传统、意见和习惯构成的网络中，因而彼此相似，且无法摆脱这个网络的羁绊。人的行为首先受信念的支配，也受制于因信念所形成的习惯。即使最无足轻重的行为也受制于这些信念和习惯，即使最具独立性的精神也摆脱不了它们的影响。在不知不觉中被强加在头脑中的暴政，是唯一真正的暴政，因为你无法与它做斗争。无疑，提比略、成吉思汗和拿破仑都是可怕的暴君，但是摩西、佛陀、耶稣和穆罕默德，却在坟墓深处对人类的心灵实行着更为深刻的专制统治。一场密谋可以推翻一个暴君，但若要反抗牢固的信念，密谋又有什么用呢？在反对罗马天主教的斗争中，最终被征服的却是法国大革命。尽管群众显然同情大革

提比略（Tiberius）的雕像

命，尽管它采用了宗教裁判所一样无情的毁灭性手段，它还是败下阵来。人类能体会到的唯一名副其实的专治，始终是对亡者的

怀念，或者是他们自己编造的幻想。普遍信念哲理层面上的荒谬绝不构成其获胜的障碍。实际上，要不是提供了某种神秘的荒谬性，普遍信念是不可能获胜的。

二、群众意见的变易性

上文展示了牢固信念的力量。在其之上还可以发现，有些意见、观念和思想在不断地生生灭灭；其中一些朝生暮死，比较重要的也长不过一代人的光阴。我们注意到，这种意见的变化有时不过是表面的变化，远不是真正的变化，它们总是受到某些种族因素的影响。在考察法国政治制度时，我们证明：表面上看，保皇派、激进派、帝国主义者、社会主义者等党派全然不同，然而它们实际上却有着绝对一致的理想；这个理想完全取决于法兰西民族的精神结构，因为在其他民族中，在类似法国政党的名目下，你可以看到完全相反的另一种理想。无论意见顶着什么名号，无论意见以什么骗人的形式改头换面，其本质都不会变。大革命时代的人饱受拉丁文学的浸淫，他们紧盯着罗马共和国，采用其法律、束棒、宽袍，但他们并没有变成罗马人，因为他们生活于其中的帝国处于强大的历史暗示之下。哲学家的任务就是要研究，在表面变化之下，什么东西支撑着古老的信念，就是要辨认，在变动不居的意见中，普遍信念和种族特性起什么作用。

如果不作这样的哲学检验，人们就会认为，群众经常频繁而随意地改变自己的政治或宗教信念。无论是政治、宗教、艺术或文学的历史，一切历史似乎都证明，情况正是这样。

试举一例，我们撷取法国历史上一个非常短暂的时期，从1790年到1820年的30年，正好是一代人的时间。此间，我们看到群众这样的变化：最初是保皇派，后来很革命，再后来很支持帝制，最后又再次支持君主制。在同一时期，在宗教问题上，他们从天主教倒向无神论，然后倒向自然神论，最后又回到了最明显的天主教形式。这些变化不只发生在群众中，也发生在他们的领导者中。我们吃惊地看到，国民公会中的一些要人、国王的死敌、既不信神也不信主子的人，都变成拿破仑恭顺的奴仆；后来，在路易十八麾下，他们又手捧蜡烛，加入到虔诚的宗教队伍中。

在接下来的70年里，群众的意见又发生了数不清的变化。到拿破仑的继任者时期，本世纪初"背信弃义的英国佬"一变而为法国的盟友。两度遭受法国入侵的俄国，十分满意地目睹了法国的倒退，同时也成了法国的朋友。

在文学、艺术和哲学领域，意见的变化一个接一个，更为迅速。浪漫主义、自然主义和神秘主义等，你方唱罢我登场，生生灭灭。昨天还被捧上天的艺术家和作家，明天就会被人弃之如敝屣。

然而，当我们分析这一切表面的变化时，我们发现了什么？凡是与种族的普遍信念和情感毫无联系的变化，都昙花一现，偏离主流的变化很快又回归主流。凡是与种族的普遍信念和情感毫无联系的意见，都不稳定，都得听任机遇的摆布，换言之，它们都得听任环境变化的摆布。它们受暗示和传染的影响，总是朝生暮死。它们突然冒出来，却迅速消失，就像海滩上的沙丘，成也靠风，去也靠风。

如今，群众的意见变化多端，前所未见，主要有三个原因。

第一，旧的信念正在日复一日地失去影响力，不再能像过去那样形塑暂时的意见。普遍的信仰式微，为新一茬偶然的意见清理场地，但这些意见既无历史也无未来。

第二，群众的势力与日俱增，越来越失去制衡，而观念又变化无常。我们已经看到，这是群众特别突出的特征——观念的变化有增无减，畅行无阻。

第三个原因是报业近年的发展。由于报纸的作用，极端对立的意见被不断呈现在群众面前。每一个意见都产生暗示，但其作用很快就被对立的暗示摧毁。结果，任何意见都难以推广，所有的意见都如同浮云朝露。今天，一种意见尚未被大多数人接受，尚未成为普遍意见，就已寿终正寝了。

以上三个原因造成世界史上一种全新的现象，这是当代最典型的特征。在这里，我指的是政府在引导舆论方面的无能为力。

过去，其实就是不久以前，政府的举措、少数作家和报纸的影响，都能真实地反映公众舆论。今天，作家失去了一切影响力，报纸也只能是群众意见的反映。政客不但不能引导舆论，反而只能亦步亦趋地跟随舆论。他们害怕舆论，有时甚至会惊慌失措,不得不采取极不稳定的行动路线。

如此,群众的意见越来越成为政治的最高指导原则。舆论走极端,迫使国家结盟,法俄同盟即为一例,它几乎全然是一场大众运动的产物。当代一个奇异的现象是,我们看见教皇、国王和皇帝同意接受报纸的采访,乐意提出自己的意见,表达对某一话题的看法,让群众去评判。过去可以说,政治上不能感情用事,也许那是对的。今天还能这样说吗?如今的现状是,政治越来越受制于群众的冲动,而群众是变化多端的,不受理性的影响,只受情绪的支配。

至于报界,它曾经引导舆论,如今它在群众面前卑躬屈膝,就像政府一样。无疑,它仍然有相当大的影响力,但这种影响力只不过是反映群众的意见,并随群众意见的变化而不断变化。报纸成了提供信息的工具,仅此而已,它放弃了灌输理念或学说的努力。它追随公众思想的变化,因为竞争和害怕失去读者而不得不随波逐流。过去那些稳健而有影响力的报纸,如《立宪者报》(*Constitutionnel*)、《论坛报》(*Débats*)、《世纪报》(*Siécle*),被上一辈人奉若神明,如今或已经消失,或成了典型的现代报纸:最有价值的新闻被夹在各种轻松短文、社会闲谈和金融吹嘘之间。毫无疑问,今天没有哪家报纸财大气粗到可以不顾发行,允许投稿人发表自己的意见;这种意见对报纸没有什么价值,因为读者只想得到消息,对深思熟虑的言论一概表示怀疑。即使书评人也不再能有把握地说,一本书或一出戏获得了成功。他们能造成伤害，却不能提供服务。报纸很清楚，任何形式的批评或个人意见都毫无用处，它们甚至压制批评；其"书评"仅限于提一下书名，再加上两三句"吹捧"的话。不出 20 年，同样的命运也许会降临到戏剧评论的头上。

今天，密切关注言论的走向已成为报界和政府心目中的头等大事。它们需要不间断地了解一个事件、一项法案或一次演说造成的效果。这一任务绝不轻松，因为最流动多变的东西莫过于群众的想法，最常见的现象，莫过于他们今天大加挞伐昨天还鼓掌喝彩的事情。

找不到任何形式的舆论引导，普遍信仰已被摧毁殆尽。这两种现象同时起作用，其最终结果是：对于任何秩序，人们的信念都存有极端分歧；对于一切不明确触及眼前利益的事情，群众的漠不关心都会与日俱增。至于中下阶级的成员、有一点文化的工人，他们要么成为彻底的怀疑论者，要么其意见极不稳定。

在过去 25 年里，朝这个方向演变的速度令人吃惊。在此之前那段时间，虽然离我们还算比较近，但人们的意见还大致有一个一般的趋势，这些意见的源头是对某个基本的信念的接受。如果某人拥护君主制，单凭这一点就可以断定，他必然持有某些明确的历史观和科学观；同理，共和主义者的观点就必然完全相反。君主论者很清楚，人不是猴子的直系后裔；共和论者同样清楚，人类的祖先就是猴子。至于法国大革命，君主论者的责任就是言必称恐惧，共和论者的责任就是言必称崇敬。提到一些名字，比如罗伯斯庇尔和马拉时，语气中一定要含有宗教式的虔诚，而对于另外一些人名，如恺撒、奥古斯都或拿破仑，提及时一定要伴有猛烈的抨击。即使在巴黎大学，这种理解历史的幼稚方式也很普遍。①

今天，由于讨论和分析，一切意见都失去了威望；其特征很快消磨殆尽，幸存的意见极少，难以唤起我们的热情。现代人越来越受害于麻木不仁了。

马拉（Jean-Paul Marat，1743—1793），法国政治家、医生，法国大革命时期民主派革命家。

对于意见日益被消磨，我们不必过分哀叹。毫无疑问，这是民族生活衰败的征兆。无疑，伟大的人、具有超自然洞见的人、宗教使徒和群众领袖，总之那些拥有真诚的、强烈的信念的人，他们所拥有的巨大力量远远大于那些否定、批判、冷漠的人。然而，千万别忘记，由于群众拥有强大的势力，如果一种意见赢得了足够的声望，能够迫使人们普遍接受它，它便很快被赋予了强

---

① 从这个观点看，法国官方任命的历史教授的书里有一些篇章非常古怪。它们也证明，法国现行的大学教育体制培育的批判精神是多么匮乏。兹摘引巴黎大学历史学教授朗博（M. Rambaud）的《法国大革命》（*French Revolution*）中的两段话，以为例证："攻占巴士底狱不仅是法国历史的高潮和欧洲历史的高潮，而且开创了世界历史的新纪元。"至于罗伯斯庇尔，我们惊讶地读到："他的专制尤其建立在舆论、劝说和道德权威的基础之上；这是掌握在高尚者手中的教皇式权威！"

壁画上的赫利奥加巴卢斯（Heliogabalus）

大的专制权力，一切都会在它面前屈膝投降，自由讨论的时代也会因此结束，并持续很长时间。群众偶尔是随和的主人，就像赫利奥加巴卢斯和提比略一样；然而，群众常常是狂暴的、反复无常的。群众占了上风时，文明便听凭命运摆布，不知能存活多久。如果还有什么东西能推迟文明毁灭的时刻，那就是群众瞬息万变的意见，就是群众对一切普遍信念的麻木不仁。

第三部分 群众的类别及其特点

第九章　群众的类别

经典名句

◆ 一个基本的因素,即种族因素,使不同的异质性群众几乎完全不同。

◆ 种族精神越强,群众的次级特征就越弱,这应该被视为一条基本规律。

◆ 匿名群众缺乏责任感,非匿名群众形成了责任感,因此,两类异质性群众的行为就表现出截然不同的倾向。

"在几百年的时间里,源头多样的野蛮人多次侵犯罗马帝国,他们是简单人群的典型。"

我们已经勾勒了心理群众的一般特点。有待指出的是，和一般特点并行的还有不同集体的具体特征，在适当刺激的影响下，集体转化为群众时，不同群众的具体特征随之形成。我们先用几句话来谈谈群众的分类。

我们从简单的人群开始。人群中含有不同种族的人时，那是最低级的形态。在这种情况下，人群唯一的共同纽带是首领的意志，他或多或少受到众人的尊敬。在几百年的时间里，源头多样的野蛮人多次侵犯罗马帝国，他们是这种人群的典型。

在稍高一点的层次上，在某些影响下，由多种族组成的人群获得了一些共同特征，最终形成一个种族的人群。有时，这样的单种族人群表现出群众的典型特征，不过，这些群众特征在一定程度上被种族特征遮蔽了。

在本书研究过的某些影响的作用下，这两种人群可以转变成有组织的或心理学意义上的群众。我们把这些有组织的群众分为以下两类：

1. 异质性群众 { a. 匿名群众（如街头群体）
              b. 非匿名群众（如陪审团、议会等）

2. 同质性群众
- a. 派别（政治派别、宗教派别等）
- b. 社会集团（军人、教士、劳工等）
- c. 阶级（中产阶级、农民阶级等）

我们将勾勒这些群众类别的显著特征。

一、异质性群众

本书迄今研究的正是这些集体的特征。组成它们的人各色各样，来自各行各业，智力不等。

现在我们知道，群众成员要参与群众的活动，这就使集体心理与个体心理迥然有别；同理，群众成员的智力也受到这一差别的影响。我们看到，智力在集体中没有影响力，反而是受无意识情感的影响。

一个基本的因素，即种族因素，使不同的异质性群众几乎完全不同。

上文常常谈及种族的作用，我们证明，种族是决定人的行为的最有力的因素之一。在群众的特征里，也可以探查到种族的作用。群众可由偶尔相聚的个体组成，其成员可能全都是英国人或中国人；群众亦可由各色各样的其他种族的人组成，比如俄国人、法国人或西班牙人。这两类群众大不相同。

虽然罕见，但偶尔也有这样的情况：群众中来自各个国家的成员的人数凑巧相等。此时，无论其利益表面上多么相同，他们的异质性都非常突出。这是因为，种族背景不同的群众成员有不同的遗传心理结构，由此而产生的思想感情是不一样的。拉丁人的群众，无论其多么革命或多么保守，为实现自己的要求，必然会倚重国家。其显著特征为总是倾向于集中化，或多或少倾向于拥护专制。相反，英国人或美国人的群众不看重国家，总是倚重个人的首创精神。法国人的群众特别强调平等，英国人的群众特别强调自由。这样的种族特征说明，为何有多少个国家，就有多少形式的民主。

因此，种族的特质总是对群众的心理倾向产生至关重要的影响。群众的气质的变化总是有局限，造成这一局限的正是种族这一深层的力量。种族精神越强，群众的次级特征就越弱，这应该被视为一条基本规律。群众状态和群众统治相当于野蛮状态，或向野蛮状态的回归。正是通过获得结构牢固的集体精神，种族才越来越能摆脱缺少反思的力量，并能摆脱野蛮状态。除了基于种族因素的分类之外，对异质性群众唯一重要的划分就是区别匿名群众（如街头群体）和非匿名群众（如陪审团、议会等）。匿名群众缺乏责任感，非匿名群众形成了责任感，因此，两类异质性群众的行为就表现出截然不同的倾向。

二、同质性群众

同质性群众包括：派别、社会集团和阶级。

派别是同质性群众组织化过程的第一步。派别成员的受教育程度、职业和社会阶级属性千差万别，共同的信念是联系他们的纽带。派别的例子有宗教派别和政治派别。

社会集团是群众所能接受的最高的组织化程度。派别中包含职业、受教育程度和所处社会环境不同的成员，他们靠共同的信念被联系在一起。相反，社会集团中的成员职业相同，因而其受教育程度和社会地位大致相同。社会集团的例子有军人和教士。

阶级由出生背景不同的人组成，不靠共同的信念维系，正如派别的成员靠共同的信念、社会集团的成员靠相同的职业维系一样；阶级成员的联系靠的是某些共同的利益、共同的生活习惯和几乎同等的受教育程度，例子有中产阶级和农民阶级。

本书只研究异质性群众，对同质性群众（派别、社会集团和阶级）的研究被放在另一本书里。因此，我这里不讲同质性群众的特点。在以下几章里，我将考察几种典型而独特的群众类别，借以结束本书对异质性群众的研究。

第十章　所谓犯罪群众

经典名句

- 通常，群众犯罪的动机是一种强烈的暗示。事后，参与犯罪的个人坚信，其行为是为了履行责任，这和一般罪犯的行为完全不同。
- 犯罪群众的一般特征与我们在所有群众中看到的特征完全相同：易受暗示，轻信，易变，夸大好坏情绪，表现出某种形式的道德等。

"巴士底狱典狱长洛奈先生遇害,可以被视为群众犯罪的典型例证。"

  经历了兴奋期之后，群众进入纯自动的无意识状态。此时的群众受暗示支配，无论怎么说也难以将其称为"犯罪群众"。之所以沿用这一错误的称谓，那是因为近年的心理学研究已使之十分流行。诚然，就其本身而论，群众的一些行为的确是犯罪行为。然而，那种情况的犯罪行为就像老虎为了消遣而吃掉印度人的行为：它先让其幼崽把人咬伤，然后才大口吃掉他。

  通常，群众犯罪的动机是一种强烈的暗示。事后，参与犯罪的个人坚信，其行为是为了履行责任，这和一般罪犯的行为完全不同。

  群众犯罪的历史证实了以上判断。

  巴士底狱典狱长洛奈先生（M. de Launay）遇害，可以被视为典型的例证。巴士底狱被攻陷后，他被极度兴奋的群众团团包围，四面八方的人对他拳打脚踢。有人建议吊死他，或砍下他的头，或把他拴在马尾巴上。他拼命挣扎，不巧踢到一个人，于是有人提议，让那个被踢的人割断他的喉咙，众人随即高声喝彩，一致赞同。

洛奈被攻占巴士底狱的群众抓住。

那个被踢的人是个失业的厨子,来巴士底狱的主要原因是无所事事,出于好奇,想看看热闹。然而,由于大家都认为这是爱国行为,所以他也相信,割喉是爱国行为,甚至认为自己应该因此得到一枚勋章,因为他杀死的是恶棍。他接过递给他的一柄剑,举剑割那裸露的脖子,但剑有些钝,不好用,所以他从兜里掏出一把黑柄小刀(由于是厨子,所以他精于切肉),成功地完成了这项任务。

群众犯罪的心理机制,清楚地见于这个例子。群众成员服从别人的暗示,因为暗示来自集体,所以就更为强大;杀人者相信,他干了一件值得赞扬的好事;既然得到大伙的一致赞同,他自认为干了好事就很自然了。从法律上看,这种事可以被视为犯罪,但在群众的心理感觉上,那不是犯罪。

犯罪群众的一般特征与我们在所有群众中看到的特征完全相同：易受暗示，轻信，易变，夸大好坏情绪，表现出某种形式的道德等。

我们将在下文发现，在参与"九月大屠杀"的群众中，这些特征一应俱全，那是给法国历史留下了最凶残的记忆的群众。实际上，这些群众与制造圣巴塞洛缪大屠杀的群众十分相似。此处我引用了泰纳根据当时的文献所做的详细叙述。

没有人确切知道，谁下令杀掉犯人、清空监狱。也许是丹东，也许是别的什么人，但这并不重要。我们感兴趣的事实是：被控犯下屠杀罪的群众受到了强有力的暗示。

攻占巴士底狱

这些犯罪群众大约杀了 300 人，这是个十分典型的异质性群体。这些人当中，除了少数职业恶棍，主要是一些小店主和各行

第十章　所谓犯罪群众

各业的手艺人：靴匠、锁匠、理发师、泥瓦匠、店员、邮差等。在别人的暗示下，像上文那个杀人的厨子一样，他们完全相信，自己是在履行爱国义务。他们跻身复式的办公室，既扮演法官又扮演行刑人，但是他们一刻也不曾想到，自己是在犯罪。

他们深深地意识到肩负使命的重要性，于是就组建了一个特别法庭，与这一举措相关的是一望而知的幼稚和不成熟的正义感。鉴于被告众多，他们决定首先处决贵族、教士、官员和王室成员，一揽子解决，不逐一审判。总之，在爱国者眼里，仅凭其职业就可以证明这些人有罪。其他的被告将根据其外表和声誉进行判决。如此，群众幼稚的良知得以满足。这样，群众就可以"合法地"实施屠杀，残忍的本能也可以尽情地被释放出来。我在其他书里阐述过凶残本能的源头，群众总是会将其发挥得淋漓尽致。这种本能常见于群众中，但这并不妨碍他们表露其他情感，甚至相反的情感，他们的心慈手软常常和他们的凶狠残暴一样极端。

"对巴黎的工人，犯罪群众极为同情，很动感情。在修道院，得知囚犯 26 个小时没喝上水时，有个人一心想处死狱卒；如果不是犯人们亲自为其求情，他一定会这样做的。当一名囚犯被（临时法庭）宣告无罪时，包括卫兵和刽子手在内的所有人都高兴地拥抱他，疯狂地鼓掌。"随后，大屠杀重新开始。在杀人的过程中，欢快的情绪从未停止。他们"为女士们"安排了长凳，围在尸体旁跳舞唱歌，兴高采烈地观看贵族被处死。而且，这样的展示一直被笼罩在特殊的正义气氛中。

在修道院，一位刽子手抱怨说，长凳太远，女士们看不清楚，而且只有几个人得以享受到痛打贵族的乐趣。大家认为他的抱怨合理，于是就决定，让受害者在两排刽子手中间慢慢走过，而刽子手只能用刀背砍他，以延长他的痛苦。在福斯（Force）监狱，受害人被剥得精光，被"凌迟"半个小时。等到每个人都看够以后，再补一刀，切开五脏六腑，让他们气绝身亡。

刽子手们也有顾忌，并表现出道德感，上文已指出这一现象。他们拒绝侵吞受害人的钱财和首饰，将其上缴给委员会，放在会议桌上展示。

在他们的所有行为中，都可以看到群众头脑中那种幼稚的推理方式。因此，在屠杀了1200个到1500个民族的敌人之后，有一个人提议说，其他监狱里关的是上了年纪的乞丐、流浪汉和青少年，只会吃饭，养着没用，不如全都杀掉。他的建议立刻就被采纳了。此外，囚犯中间肯定有人民的敌人，比如一个名叫德拉卢的女人，是个投毒犯的遗孀："让她坐牢，她肯定气死了。她要是有能耐，早就一把火把巴黎烧了。"这话

大量囚犯被处决。

她肯定说过，对，说过。除掉她最好。"这一番说辞似乎很有说服力，于是，囚犯全都被处死，无一例外，包括 50 名 12 岁到 17 岁的青少年；当然，他们都可能变成民族的公敌，除掉他们显然有好处。

一个星期的杀戮过后，所有的处决终于结束，刽子手们有时间考虑休息一下了。他们深信为祖国立了功，于是前往当局请赏。最热心的人甚至要求为自己授勋。

1871 年巴黎公社的历史中，有些史实与上述事例类似。群众的势力有增无减，政府在群众面前节节败退，因此，我们一定还会看到许多与上述屠杀性质相同的事情。

第十一章 刑事陪审团

经典名句

◆ 我们应当大力维护陪审制度，因为它是唯一不能由任何个人替代的群众类型。唯有它能缓解法律的严酷性。

◆ 在陪审团那里，被告多少享有被承认为清白的机会；只由法官审理时，被告被判无罪的机会十分渺茫。

◆ 群众的威力令人生畏，然而有权势的社会集团更让人害怕。群众还可能被说服，有权势的社会集团是绝不会被人说服的。

陪审团

这里不可能研究每一种类型的陪审团，因此我只想考察最重要的陪审团，即法国巡回法院的陪审团。这些陪审团是异质性、非匿名群众的绝佳例子。我们会看到，它也很容易接受暗示，其推理能力微乎其微。它主要受群众领袖的影响，受无意识情绪的支配。在研究过程中，我们会看到一些有趣的错误，不懂群众心理的陪审员可能会犯这样的错误。

首先，陪审团是一个很好的例子，它说明，就群众的决策而言，群众成员的智力水平无关紧要。我们看到，审议会开始时，如果议题并非完全技术性的问题，智力起不了多少作用。例如，一群科学家或艺术家应邀审议时，虽然他们是一个特殊群体，但单凭这个事实并不能保证，他们就一般性问题所做的判断，与一群泥瓦匠或杂货商的判断，会有明显的不同。在不同的时期，尤其在1848年以前，法国政府挑选陪审团人员时，总是慎之又慎，从有教养的阶层中进行挑选，由教授、官员、文人等组成陪审团。如今，大多数陪审员从小商人、小资本家或雇员中征召。然而，令专家大为不解的是，无论陪审团如何组成，其裁决总是相同。即使敌视陪审制度的法官也不得不承认，关于陪审团裁决相同的判断,是准确的。贝拉·德·格拉热(M. Bérard des Glajeux)先生曾任巡回法院院长,在回忆录中,他用下面一段话表达了对陪审制度的看法:

> 今天,对陪审员的选择实际上掌握在市议员手里。他们根据自己所处的情境,出于政治和选举方面的考虑,在陪审员候选人名单中增加或划掉一些人……大多数入选的陪审员都是生意人(其重要性不如以前),或某个政府部门的雇员……一旦扮演了法官的角色,他们的意见和专长便不再起作用。许多陪审员有着初出茅庐的热情,亦有最良好的意图,但被置于卑微的地位,处境类似。如此,陪审团的精神并未改变:它的裁决始终是相同的。

就这段引文而言,我们必须记住的是它恰当的结论,而不是那虚弱无力的解释。对如此虚弱无力的解释,我们不必过分惊讶,因为辩护律师通常和法官一样,对群众心理一窍不通,因此他们也不了解陪审团。我从以上作者提及的另一个事实中,还发现了一个证据。他写道,在巡回法院出庭的最著名律师拉肖(Lachaud)先生,处心积虑地利用自己的权利,阻止聪明人出现在陪审团名单上。但是最终,经验告诉我们,这样的做法无济于事。一个事实可以证明这一点:今天的公诉人和出庭律师,以及所有巴黎的执业律师,都已完全放弃了反对陪审制度的权利,因为正如格拉热先生所言，陪审团的裁决并未发生变化，"它们既未变得更好，也未变得更糟"。

雅典少女芙丽涅因犯渎神罪被法庭审讯，却因美貌被改判无罪。

和一切其他群众一样，情感因素能对陪审团成员施加最强烈的影响，而证据很难打动他们。一位出庭律师说，"看见哺乳的母亲，或可怜的孤儿，他们就受不了"；格拉热则说，"一个妇女只要五官好看，就足以赢得陪审团的仁爱之心"。

如果自己有可能成为将要裁决的罪行的受害人，陪审团是毫不留情的，何况这样的罪行对社会也是最危险的。然而，如果犯罪动机是激情，陪审团却很宽容。对未婚母亲的杀婴罪，向诱奸并抛弃她的男人泼硫酸的女人，他们不会十分严厉，因为他们本能地感到，社会在照常运转，这种犯罪对社会危害不大。① 况且，在法律不保护被抛弃的姑娘的国家里，她为自己伸张正义，非但无害反而有益，因为这可以预先吓退那些潜在的诱奸者。

和一切其他群众一样，陪审团也深受威望的影响。格拉热先生的话很中肯：陪审团的构成十分民主，其好恶却很贵族化，"头衔、出身、财富、名气或著名律师的帮助，总之，一切显赫的或能给被告增光的东西，都使被告的处境极为有利"。

描绘陪审团的漫画

优秀律师关注的，主要是如何打动陪审团的感情。就像对一切群众一样，他们不说例证，或只采用十分简单的推理方式。一位英国大律师赫赫有名，在巡回法庭上赢了许多官司，他提出如下的辩护路数：

> 进行辩护时，他留心观察陪审团，最有利的机会随

---

① 顺便指出，陪审团凭直觉把犯罪分为对社会有危险和对社会无危险两类，这一倾向绝非不公正。刑法的目的是保护社会免遭危险犯罪侵害，却不是报复。另一方面，在法国法典中，以及很多法国法官脑子里还满是复仇的精神，这是原始法律的特征。法语中"起诉"（vindicte）一词源于拉丁文的"复仇"（vindicta），至今仍在使用。法官们具有这一倾向的证据是，许多法官不接受《贝朗热（Bérenger）法》。该法允许被定罪的人不服刑，除非他再犯。事实却是，法官并不是不知道，统计结果证明，初犯受惩罚必然导致再犯。法官释放被定罪的人时，他们总是觉得，社会没有报复他。法官们不选择放弃为社会复仇，而是宁可制造一个危险的惯犯。

之来临。依靠洞察力和经验,他从陪审员的脸上解读每句话的效果,得出结论。第一步是判定,哪些陪审员已经赞同他陈述的理由,三言两语就可以赢得他们的支持。第一步完成后,他就把注意力转向似乎不太友善的人,努力弄清楚他们为何对被告怀有敌意。这是他的工作中十分微妙的一部分,因为指控一个人除了正义感之外,还可以有其他数不清的理由。

这几句话概括了雄辩术的全部奥妙。我们看到,准备好的稿子往往效果不大,因为必须随时根据听众的反应来修改措辞。

辩护人不必让每个陪审员都接受自己的观点,他只需争取决定陪审团总体观点的灵魂人物。像在其他群众中一样,陪审团里也有少数起引领作用的人。上述英国大律师说:"我通过经验发现,一两个充满活力的人物足以带动其他陪审员。"需要用巧妙的暗示使之信服的就是那两三个人。首先,最重要的就是取悦他们。已被取悦的群众成员,就处在即将被说服的时刻,无论向他出示什么证据,他都可能认为这十分可信。我从拉肖的记述中摘录了一段趣闻轶事:

> 众所周知,在巡回法庭攻防的过程中,拉肖知道或感觉到两三个有影响却很固执的人时,他的目光始终不离开这两三个人。通常,他能把这些倔强的陪审员争取过来。然而有一次,在外省巡回时,他不得不花费45

分钟，挖空心思对付一个陪审员，结果却仍然徒劳一场。这个人是第七个陪审员，第二排的第一人。情况令人绝望。突然，在激烈的辩论过程中，拉肖停下来，转向庭长说："法官大人是否可以让人把前面的窗帘放下来？第七陪审员被阳光晒花眼睛了。"那个陪审员一脸羞红，颔首微笑，表示感谢。他被辩方争取过来了。

许多作家，包括一些最杰出的作家，最近发起了一场声势浩大的运动，反对陪审制度。不过，当一个不受控制的社会集团犯错误时，陪审制度是保护我们免受其害的唯一办法。① 有些作家主张只从受过教育的阶层中招聘陪审员。然而，上文业已证明，即使这样，陪审团的裁决也和目前制度下的裁决一模一样。还有些作家以陪审团犯下的错误为由，希望废除陪审团，用法官取而代之。这真是让人费解，这些未来的改革家怎么能忘记，他们所指责的陪审团所犯的错误，首先是由法官们犯下的；而且，当被

---

① 实际上，地方法官是行为不受控制的唯一行政官员。虽然经历了那么多革命，民主的法国并不拥有英国人颇为自豪的人身保护权。我们赶走了那么多暴君，但我们在每一个城市配置的一位地方官却可以随意剥夺公民的荣誉和自由。一位无足轻重的预审法官，大学刚毕业，就拥有令人厌恶的权力，仅凭自己的怀疑，他就可以把地位颇高的人送进监狱，而无需向任何人解释自己的行为的道理。以调查为借口，他可以把这些人关半年甚至一年，最后迫不得已释放他们时，他无须赔偿或道歉。法国的逮捕证相当于国王签署的秘密拘票（lettre de cachet），不同之处在于：国王签署秘密拘票遭到正义的声音的责备，并且唯有身居高位的人才能这么做；法国的逮捕证却是一帮公民手里的工具，而这帮人绝不是很开明或很独立的人。

告被带到陪审团面前时，已经有几位地方法官、预审法官、公诉人和预审法庭认定他有罪了。由此可见，如果对被告做出判决的是法官而不是陪审团，他将失去唯一的被认定无罪的机会。陪审团的错误首先是地方法官的错误。因此，出现特别严重的司法错误时，应当受到谴责的只能是地方法官。以下仅举一例。最近，一位 L 医生被判有罪。起诉他的预审法官愚蠢透顶，其根据是一位半痴呆女孩的控告：医生为了 30 个法郎，非法地为她做了手术。若不是激起公愤，致使国家元首特赦，这位医生就一定身陷囹圄了。全国同胞一致支持这个被指控有罪的医生，使这一判决的大错昭然若揭。法官们也承认判决错误，但是考虑到自己所在的社会集团的利益，他们极力阻挠签署赦免令。在所有类似的案件中，面对难以理解的技术问题时，陪审团自然要倾听公诉人的意见。他们认为，毕竟，法官已经对案件进行了调查，而身为法官，他们是训练有素的，能够揭开最复杂的案子的真相。如此看来，谁是错误的真正制造者？是陪审团还是法官？我们应当大力维护陪审制度，因为它是唯一不能由任何个人替代的群众类型。唯有它能缓解法律的严酷性。法律一视同仁，原则上既不考虑也不承认特殊情况。法官不会有怜悯心，他只抠法条，其他的事情概不理会；出于职业的严肃性，他对以下两种人都会判刑：私闯民宅的杀人犯和杀婴的可怜姑娘——虽然她一贫如洗，又被人诱奸并抛弃。相反，陪审团的直觉是，和免于法律惩处的诱奸者相比，被诱奸的姑娘罪过要小得多，对她应当从轻处置。

了解了社会集团的心理，也了解了其他群众的心理之后，面对错案，我不可能再认为，我不应该接受陪审团，而应该接受法官。在陪审团那里，被告多少享有被承认为清白的机会；只由法官审理时，被告被判无罪的机会十分渺茫。群众的威力令人生畏，然而有权势的社会集团更让人害怕。群众还可能被说服，有权势的社会集团是绝不会被人说服的。

第十二章　选民群众

经典名句

- 至关重要的是候选人的威望。能够取代个人威望的只有财富的影响。才干甚至天才,都不是导致成功当选的重要因素。
- 选民特别在意候选人的恭维,以满足自己的贪婪和虚荣。候选人要用最离谱的奉承征服选民,要毫不犹豫地做出最不切实际的许诺。
- 在民族的生活中,制度和政府只扮演一个小小的角色。各民族主要是受种族禀赋的支配,换言之,各民族都受制于代代相传的品格遗存,种族的禀赋就是这些品格的总和。

"试图瓦解普选制教条,更是徒劳无用,因为外表的合理性使它受欢迎。"

选民群众也就是有权推选人担任官职的集体，选民群众是异质性群众。然而，由于选民群众的行为仅限于明确界定的事情，即在不同的候选人中做出选择，因此选民群众只具有异质性群众的少数特征。在群众典型的特征中，选民群众特别突出的特征是：推理能力微乎其微，缺乏批判精神，轻信，易怒，头脑简单。此外，在选民群众的选择中，可以追踪到群众领袖的影响，以及上文所列举的诸多因素的作用，比如断言、重复、威望和传染的作用。

让我们看看说服选民群众的办法。通过观察那些最有效的办法，我们可以轻易了解他们的心理。

至关重要的是候选人的威望。能够取代个人威望的只有财富的影响。才干甚至天才，都不是导致成功当选的重要因素。

另一方面，极为重要的是，拥有威望的候选人必须有能力使选民不得不选举他，也就是不经商议就投他一票。构成选民的成员大多数是工人和农民，但他们罕有投票挑选工人或农民来代表自己，其原因正是他们中间的人不拥有威望。他们偶尔也从自己的阶层里选出代表，通常那是由于一些次要原因：向有权势的人物或雇主泄愤，选民平常不得不依附他；或者是因为这样做能使其瞬间产生幻觉，仿佛自己成了有权者或雇主的主子。

然而，威望并不足以保证候选人的成功。选民特别在意候选人的恭维，以满足自己的贪婪和虚荣。候选人要用最离谱的奉承征服选民，要毫不犹豫地做出最不切实际的许诺。

如果选民是工人，候选人就侮辱和中伤雇主，再多的侮辱和中伤也不过分。为对付竞选对手，必须利用断言、重复和传染等手法，使人确信，竞选对手是个十足的无赖，尽人皆知有前科。当然，完全不必费心出示证据的事。如果那个竞选对手不了解群众心理，他为了证明自己的清白，就会拼命地讲道理，而不知道如何用断言去驳斥断言。这样一来，他就毫无胜算了。

候选人的书面纲领不可过于绝对，不然对手就可能用这个纲领来对付他。然而，在口头纲领中，任何夸张都不会过分。可以大胆地承诺最重要的改革。夸张的口头承诺当即产生巨大的效果，对未来却没有约束力。人们经常看到这样一个事实：选民不会操心去看，他支持的候选人究竟在多大程度上实践了他在竞选时所承诺的纲领，然而这正是选民需要追踪的情况，也是候选人成功当选的一个基本条件。

在以上事例中，上文描绘过的所有说服的因素都可以看到。在下文里，我们将再次邂逅词语和套话的作用，我们坚称它们拥有神奇的力量。懂得利用这些说服手段的演说家，能按照自己的意志摆布群众。无耻的资本、卑鄙的剥削者、可敬的劳工、财富的社会化之类的说法,虽然已成陈词滥调,却总是能产生摆布群众的效果。如果候选人灵机一动用上新的套话,尽管可能缺乏准确的含义,他却能因此迎合各种各样的愿望,必然大获全胜。1873年发生在西班牙的那场血腥的革命,就是由这种奇妙的用语引发的,人人都可以对它们的含义做出自己的解释。当时的一位作者描述了一个新的用语是如何被创造出来的,值得在此征引:

> 激进派发现,集权制的共和国是乔装打扮的君主国。为了迁就激进派,议会一致宣告,建立一个"联邦共和国";不过,没有一位议员能解释他投票赞成的是什么。然而,"联邦共和国"这个说法却让人皆大欢喜,使人们陶醉、发狂。美德与幸福的王国在地球上诞生了。如果对手拒绝称其为联邦主义者,共和主义者会认为受到了致命的侮辱。人们在大街上欢呼雀跃、互致问候:"联邦共和国万岁!"赞美之声不绝于耳,人们赞美军队无视纪律,赞美士兵自治。该如何理解"联邦共和国"呢?有些人认为它是指各省的解放,是类似美国的制度和行政的分权;有些人则认为它意味着消灭一切权威,是迅速着手的伟大的社会清算。巴塞罗那和安达路西亚的社会主义者挺身支持,支持公社权力绝对至上;他们建议,在西班牙设立一万个独立的社区,自己立法,同时压制警察和军队。在南部各省,叛乱很快在城市和村庄蔓延开来。不久,有个村庄发表宣言,它的首

要关切是拆毁电报线和铁路,以切断与相邻地区和马德里的一切联系。连这个最可怜的村庄也决心独立自主。于是,联邦制不复存在,取而代之的是州郡行政制,其标志是屠杀、纵火、五花八门的暴力。全国各地陷入血腥的狂欢。

至于说理是否对选民的头脑产生影响,除非你从来不阅读关于竞选集会的报道,否则你是不会有此一问的。竞选集会上充斥着断言、痛骂甚至互殴,绝不会有说理。即使有片刻的安静,那也是因为有一位"难缠的顾客"在场,他宣告要用令人尴尬的问题诘问候选人,这总是听众喜欢的一幕。然而,反对派的满足是短命的,因为提问者的声音很快就会被叫喊声压倒。以下几篇关于公众集会的报道,撷取自数以百计的新闻报道,可以被视为典型:

> 会议的组织者之一请大会推选一名主席,风暴立刻席卷全场。无政府主义者跳上讲台,夺取委员会的会议桌。社会主义者极力保护会议桌。双方互殴,指责对方是拿了政府津贴的奸细……一个鼻青脸肿的公民离开会场。
>
> 在一片喧闹声中,会议拖延,委员会终于复会,发言权转给了X同志。
>
> X同志激烈抨击社会主义者,社会主义者用"白

痴""无赖""流氓"回敬他。他针对这些叫骂提出一种理论,据此回敬社会主义者是"白痴""小丑"。

昨晚,阿勒曼派(Allemanist Party)在圣殿市郊街的商会大厅组织了一次大会,为五一节的工人游园会举行预演。会议的口号是"沉着冷静"。

G同志含沙射影,骂社会主义者是"白痴""骗子"。

这些话引起对骂,讲演者和听众都拳脚相加,大打出手。椅子、桌子、板凳,全都变成了武器。

如此等等,不一而足。

千万不要想当然地以为,这样的描述只适用于固执的选民阶层,并且与选民所属的社会地位相关。无论什么样的集会,但凡匿名,即使与会者全是文化水平很高的人,会上的争论也总是这个样子。我已经证明,一旦结成群众,拉平智力水平的机制就会起作用,其证据随处可见。以下是一篇会议报道,参会者都是学生,该报道选自1895年2月13日的《时报》(*Temps*):

夜色渐深,喧嚣声有增无减。我不相信哪个演讲者能够说完两句话而不被人打断。每时每刻都有人大声叫喊,这里那里,四面八方,此起彼伏。掌声中夹杂着嘘声,人们之间的激烈争吵从未间断。有人挥舞木棒,威胁要打人,有人不停地敲打地板。人们冲着打断讲演的人高呼:"把他轰出去!"或"让他说话!"

C先生满嘴都是"恶心""懦夫""恶棍""卑鄙""贪污""打击报复"之类的用语,他宣称要毁掉联合会。

诸如此类,不一而足。

你可能会问,在这样吵吵闹闹的环境里,选民怎么能形成一致意见呢?之所以提出这样一个问题,那是因为你对集体享有的自由的程度存有错觉。群众的意见是外界强加的,不会拥有合乎理性的意见。在这个问题上,选举委员会操纵着选民的意见和选票。委员会的灵魂人物通常都是企业的老板,他们向工人提供信贷,因此对工人影响很大。谢雷(Schérer)先生是今天最勇敢的民主斗士之一,他写道:"你知道选举委员会是什么吗?它恰好是我们的制度的基石,是政治机器的一件杰作。今日之法国就处在选举委员会的统治之下。"①

只要候选人能被群众接受,并拥有一定的财源,对群众产生

---

① 无论用什么名号,比如俱乐部、辛迪加等,委员会都是最可怕的危险物,危险来自于群众的威力。实际上,委员会代表着最非人格化的、最严苛的暴政。指挥委员会的领袖以集体的名义说话和行动,被免除了一切责任,能按照自己的选择行事。连最野蛮的暴君也未曾梦想过大革命时期的委员会能剥夺人民的权利。巴拉斯(Paul Barras)宣称,他要在国民议会中大开杀戒,随意抽选要处决的议员。只要罗伯斯庇尔能用委员会的名义说话,他就能滥用绝对的权力。一旦因为傲慢而与委员会分道扬镳,这个令人恐惧的独裁者就失去了一切。群众的统治就是委员会的统治,即群众领袖的统治。无法想象还有比这更严厉的专制统治。

影响并不是困难的事。捐款人供认，300万法郎就足以确保布朗热将军连任。

这就是选民群众的心理。它和其他群众的心理相同：既不更好也不更差。

因此，从以上事例和论证出发，我没有得出反对普选的结论。若要让我来判定它的命运，出于一些实际的理由，我将保留普选制。实际上，这是从群众心理研究中得出的结论。由于这个原因，我接下来要阐述这些理由。

毋庸置疑，普选的缺点太明显，不可能视而不见。不可否认，文明是少数超常智力者的作品，他们构成了一个金字塔的顶端。随着智力水平的下降，金字塔的层级不断加宽，其底层就代表一个民族里的群众。毋庸置疑，一种文明的伟大并不依靠群众的选票，他们人数众多，但智力低下。同样毋庸置疑的是，群众的选票往往十分危险。它们已经让我们付出了几次遭受入侵的代价。

反对普选制的理由在理论上成立，在实践中却毫无力量。只需回忆观念变成教条后所拥有的那无坚不摧的力量，我们就会承认这一点。从哲学观点看，人民主权论的教条宛若中世纪的宗教教条，同样不堪一驳；然而它实际上却拥有绝对权力，和昔日的教条一样强大。因此，就像昔日的宗教观念一样，人民主权论的教条不可战胜。我们不妨这样想象，有一个现代自由思想家神奇地穿越，回到中世纪。难道你会认为，当他发现宗教观念至上的

路易十四（Louis XIV, 1638—1715），法国波旁王朝国王，法国历史上最伟大的君主之一。

想法十分强大后，会忍不住要发起攻击吗？倘若他落入法官之手，法官又有意把他送上火刑柱，判定他与魔鬼有约或出席了女巫的聚会，他还会怀疑魔鬼或女巫的存在吗？就像用讨论的方式对抗飓风，这与群众的信念一样荒唐。今天，普选制的教条就和昔日的宗教教条一样，威力巨大。演说家和作家在提到它时，都毕恭毕敬、谄媚奉承，即使路易十四也无缘享受那样的尊敬。因此，针对普选制的立场必须像对待宗教教条的立场一样。唯有时间能够对它产生影响。

此外，试图瓦解普选制教条，更是徒劳无用，因为外表的合理性使它受欢迎。托克维尔的评论恰如其分："在平等的时代，由于人人相似，所以人们就互不信任；然而，正是因为人人彼此相似，所以人们对公众判断的信赖就无以复加。原因在于，人人见识相同的情况似乎是不可能的。真理和人数上的优势不应该携手并行。"

该不该相信，实行有限制的选举权，把选举权限制在聪明人中间，群众投票的结果就会改进呢？我绝不会承认那会有所改进。原因已在上文说明：无论其组成情况如何，一切集体都智力低下。一旦陷入群众中，人们的智力总是会被拉平；在一般性问题上，40 名院士投票的结果不会比 40 个运水工投票的结果更高明。我不相信，过去几次选举的结果，比如帝国的复辟，要怪罪普选制。我不相信，如果只让有教养的和受过自由主义教育的人投票，选举的结果就会大不相同。通晓希腊语或数学的人，建筑师、兽医、医生或律师，未必就具有解决社会问题的特殊智力。我们的政治和经济学家全都受过高等教育，而且多半是教授或学者，然而，在一般问题，比如贸易保护、双本位币制等问题上，他们达成过一致意见吗？原因就在于，他们的学问只不过是世人普遍无知的弱化形式而已。在社会问题上，由于未知的因素众多，人们大体上是同样无知的。

因此，即使选民全都是饱学之士，其投票结果也不会比现在的情况好。他们大体上都会受到感情和党派精神的支配。我们现在面对的困难，一个也不会少；我们肯定会受到社会身份暴政的压迫。

至于群众的选举权，无论是有限制的抑或是普遍的，无论是处于共和制之下抑或是处于君主制之下，无论是在法国、比利时、希腊、葡萄牙或西班牙，情况都一样，处处都相同。归根结底，选举权表达的不过是种族的无意识愿望和需要。在任何一个国家，当选者的一般意见都代表着种族的禀赋，这样的禀赋代代相传，不会发生明显的变化。

在此，我们再次邂逅"种族"这个基本概念。我们经常遇到它，还经由它邂逅另一种观念，派生于种族的观念：在民族的生活中，制度和政府只扮演一个小小的角色。各民族主要是受种族禀赋的支配，换言之，各民族都受制于代代相传的品格遗存，种族的禀赋就是这些品格的总和。种族的禀赋和日常必需品的束缚，是决定我们命运的神秘主因。

第十三章　议　会

经典名句

◆ 领袖的影响力，只在很小的程度上归因于他们的口才，却在很大程度上归因于他们的威望。关于这一点，最好的证明是：倘若因故失去威望，他们的影响就随即消失。

◆ 领袖很少超前于民意，他所做的一切几乎总是在顺应民意，同时也会助长其中的所有错误。

◆ 有时，领袖智力超群，且受过高等教育。然而，这些品质通常是弊大于利。

◆ 议会的运作困难重重，但迄今为止，它仍然是人类发现的最佳政体形式，尤其是摆脱个人专制的最佳形式。

"群众的一般特征,在议会里都能看到:头脑简单、急躁、易受暗示、情感夸张等。"

在议会里，我们看到一个异质性、非匿名群众的范例。议员的选举方式因时代而异，各国之间亦有不同，但议员们都展现出十分相似的特征。在议会里，人们感觉到种族的影响：削弱或强化群众的共同特征，但不会妨碍共同特征的表现。迥然不同的国家如希腊、意大利、葡萄牙、西班牙、法国和美国的议会，在辩论和投票上表现出很大的相似性，都使各自的政府遭遇同样的困难。

　　此外，议会制度代表着一切现代文明民族的理想。议会制度表达了一种观念：在一个确定的问题上，一大群人比一小撮人更有可能做出一个明智且独立的决定。从心理学上说，这一观念是错误的，但它得到了普遍的赞同。

　　群众的一般特征，在议会里都能看到：头脑简单、急躁、易受暗示、情感夸张、少数领袖的压倒性影响。然而，由于其构成特殊，议会群众也有一些不同于其他群众的特征。兹简介如次。

　　意见的简单化是议会群众最重要的特征之一。在所有党派中，尤其是在拉丁民族的党派中，总是有一个难以避免的倾向：解决最复杂的社会问题时，往往依据适用于一切情况的最简单的抽象原则和普遍规律。自然，原则因党派而异，但议员个人是群众的一员，他们便带有群众的特征：夸大自己的原则的价值，并将其推向极端。结果，议会就成为极端意见的特别突出的代表。

关于议会意见的坦率、简单，法国大革命时期的雅各宾党人提供了一个最完美的范例。他们都死抠教条和逻辑，满脑袋模糊不清的抽象概括，孜孜于贯彻死板的原则，不考虑实际情况。有人说，雅各宾党人经历了那场革命，却没有目睹它，这话不无道理。凭借非常简单的教条的指引，他们就幻想把社会翻个底朝天，彻底改造。结果，一个高度精致、优雅的文明就倒退回社会进化的初期了。他们为实现梦想而采用的办法，被打上了那种绝对天真的烙印。实际上，他们自缚手脚，摧毁一切阻挡他们的文明成果。其他一切党派所受的精神激励，和雅各宾派相同——吉伦特派（Girondists）、山岳派（Men of the Mountain）、热月派（Thermidorians）等，无一例外。

议会群众很容易受暗示的影响。像所有群众一样，暗示都是来自有威望的领袖。不过，议会群众易受暗示的特点，有很明确的界限，指出这一点十分重要。

在有关地方或地区利益的一切问题上，每个议员的意见都牢固、不变，无论多少论证都难以使其动摇。在贸易保护或酿酒特权这类问题上，即使有狄摩西尼的天赋，也难以改变议员的投票，因为这些问题关乎有权势的选民的利益。在投票期到来之前，有权势的选民就发出暗示，自己这一方足以压倒来自其他方面的一切废除特权的暗示，这就足以使议员的意见绝对固定不变。①

在一般问题上，比如推翻内阁、开征新税等问题上，议员们不再有固定不变的意见。领袖的暗示能产生影响，但影响的方式与在普通群众里有所不同。每个政党都有自己的领袖，领袖的势力偶尔会旗鼓相当。结果，议员发现自己被夹在两种对立的暗示之间，难免就犹豫不决。常见的一种现象就可以这样来解释：在一刻钟的间隙前后，议员的投票意向相反，或提出修正案使法案失效。比如，他投票赞成剥夺雇主挑选和解雇工人的权利，在一刻钟之内，他又提出修正案，几乎否决了他刚才赞成的法案。

同理，在每届会期里，都有一些非常稳定的意见，也有一些十分易变的意见。总体上，如果一般性的问题比较多，议而不决

狄摩西尼（Demosthenes，公元前384—公元前322），古希腊政治家、演说家和雄辩家，希腊联军统帅。

---

① 无疑，一位英国资深议员的回忆适用于解释投票前即已固定不变的意见，这是由选举的必要条件决定的。他说："在忝列威斯敏斯特区议员的50年间，我听过的演讲数以千计，但很少有演讲能使我改变意见，没有一次演讲改变过我的投票决定。"

的现象就很盛行。之所以议而不决，那是因为议员时时刻刻担心选民的反应，选民的暗示总是隐而不显，并可能抗衡领袖的影响。

尽管如此，在很多辩论中，如果议员对议题没有强烈的先入之见，主宰议员投票的肯定是领袖。

议会领袖的必要性是显而易见的。在每个国家的议会里都可以看到这样的领袖，他们以团队首领的身份的行事，他们是议会的真正统治者。倘若没有他们，群众便一事无成，其结果是，议会的票决通常只代表极少数人的意见。

领袖的影响力，只在很小的程度上归因于他们的口才，却在很大程度上归因于他们的威望。关于这一点，最好的证明是：倘若因故失去威望，他们的影响就随即消失。

这些政治领袖的威望很独特，与头衔或名声无关。关于这一点，朱勒·西蒙（Jules Simon）先生（他本人亦为议员）在评论1848年国民议会的大人物时，为我们提供了一些非常有趣的例子：

> 路易-拿破仑（Charles Louis-Napoléon Bonaparte）两个月以前还呼风唤雨，如今却完全无足轻重了。
>
> 维克多·雨果（Victor Hugo）登上了讲台，但他无功而返。人们听他说话，如同听派厄特（Félix Pyat）说话，吝于给予掌声。谈及派厄特时，沃拉贝勒（Vaulabelle）对我说，"我不喜欢派厄特那些想法，不过他是

法国最了不起的作家之一,也是最伟大的演说家"。基内(Edgar Quinet)尽管聪明绝顶,智力超群,却丝毫不受人尊敬。在召开议会之前,他还有些名气,但在议会里他却根本无人问津。

如果说有什么地方对天才的光辉无动于衷,那么这个地方莫过于政治集会。人们只聆听与时间、地点相宜的滔滔辩论,只在乎为党派效劳,不在乎为国家效力。若要像1848年的拉马丁(Lamartine)和1871年的梯也尔那样受人尊敬,那就需要紧迫的、无情的利益的刺激。一旦危险消失,议会立刻就会忘记它的感激和惊恐。

之所以引用以上段落,是因为其中包含着一些事实,而不是因为它提供的解释,其中的心理学知识实在是贫乏。一旦群众歌颂其领袖,无论他们歌颂的是为党效劳或为国效力,他们便立刻不再成其为群众。服从领袖的群众受领袖威望的影响,其服从并不受利益或感激的支配。

因此,那些享有崇高威望的领袖几乎掌握着绝对的权力。著名的议员克列孟梭威望很高,多年以来拥有巨大的影

克列孟梭(Georges Clemenceau, 1841—1929),法国政治家、新闻记者、法兰西第三共和国总理。

响力，但在上次大选中由于金融方面的问题而败北，此事广为人知。担任议员时，他只需做个手势，内阁便会随即倒台。有个作家用下面一席话说明了他的强大影响：

> 主要是因为这位X先生，我们在东京湾（Tonkin）付出了三倍的代价，我们在马达加斯加的地位长期岌岌可危，我们在南尼日尔被骗走了一个帝国，我们还失去了在埃及的优势。X先生的力量让我们丢失的领土，相比拿破仑一世带给我们的灾难有过之而无不及。

对这位领袖，我们不必过于怨恨。显然，他使我们损失惨重，但他拥有巨大的影响力在很大程度上是因为他顺应了民意；在殖民地事务上，当时的民意远没有达到现在的水平。领袖很少超前于民意，他所做的一切几乎总是在顺应民意，同时也会助长其中的所有错误。

除了威望之外，这里所论的领袖的说服手段，还包括上文多次列举的因素。若想巧妙地利用这些手段，领袖必须对群众心理了然于心，至少也要能无意识地感悟到群众心理；还必须懂得如何对他们说话，尤其应当了解各种词语、套话和形象的神奇影响力。领袖应当具备特殊的口才，信誓旦旦而不必证明，要启用生动的形象，并伴以简明扼要的论证。这种辩才见于各国议会，甚至包括最严肃的英国议会。

英国哲学家梅因说：

下院的辩论可以随时看到，整个辩论不过是些软弱无力的概括和粗暴的人身攻击。这种一般公式化的套话，对针对纯粹民主的幻想产生惊人的影响。用惊人之语表达笼统的断言并让人接受，从来就不难，即使从未经过证实，大概也不可能得到证实的断言，也是容易被接受的。

亨利·梅因（Henry Maine, 1822—1888），英国著名法学家、历史学家，著有《古代法》等。

引文中的"惊人之语"，其重要性怎么说也不过分。我们多次坚称，词语和套话具有特殊的力量。选择措辞时，必须以唤起生动的形象为目的。下面这段话摘自我们一位议会领袖的演说，它为我们提供了一个非常好的例子：

> 这艘船转向罪犯流放地，那是黄热病肆虐的土地，它把名声不佳的政客和无政府主义的杀人犯放在一起。两人能促膝谈心，视彼此为同一社会状态中互助互利的两派。

以这样的方式唤起的形象惟妙惟肖，演说者的所有对手都会觉得自己受到了威胁。他们的脑海里浮现出两幅画面：黄热病肆虐的土地，可能会带走他们的轮船。他们也可能被放进那个定义不明的政客类别，这不是在恐吓吗？他们体验到隐隐袭来的恐惧。与当年罗伯斯庇尔模棱两可的演讲一样，国民公会的议员们感觉到了断头台的威胁。在这种恐惧的影响下，他们必定会向他投降。

夸夸其谈、信口雌黄，总是对领袖有利的。上文提及的那位演说家敢于做出如下断言，且不至于遭到强烈的抗议。他说：金融家和教士资助扔炸弹的人，大金融公司的总裁也要被绳之以法，就像无政府主义者一样。这种断言总是要对群众产生影响。斩钉截铁的断言，再激烈也不过分；慷慨激昂的声明，再具威吓性也不为过。要想吓唬听众，最有效的莫过于这种辩术。在场的人会担心，假如表示抗议，他们也会被当作叛徒或帮凶打翻在地。

丹东在国民公会发表演讲。

如上所言，这种独特的雄辩术在所有的议会中都极为有效。在危急时刻，它的作用就更加显而易见。从这个角度看，法国大革命时期各届国民公会上的那些大演说家的讲话，读起来都十分有趣。每时每刻他们都认为，有必要先顿一顿，然后鞭挞罪恶、颂扬美德，接下来强烈谴责暴君，并发誓不自由毋宁死。在场的人全体起立，热烈鼓掌，继而平静，重新落座。

有时，领袖智力超群，且受过高等教育。然而，这些品质通常是弊大于利。聪明人总是说,事情有多么复杂,总是允许解释,以促进理解。如此,聪明反被聪明误。聪明人宽宏大量,其信念的强度与烈度因此就会大大受挫,而信念是使徒们必备的品格。古往今来,尤其在法国大革命时期,伟大的群众领袖智慧之缺乏,令人扼腕。然而,影响力最大的,正是智力水平最低的人。

最著名的人物罗伯斯庇尔的演说,语无伦次,读之常常令人震惊。如果只读这些演说,实在找不出合理的解释,这个强势的独裁者何以有如此之大的影响力:

> 教学法式的陈词滥调和冗余废话,为这个幼稚、平庸的头脑服务的拉丁文化,对付小学生叛逆态度的攻防概念;没有思想,没有令人愉快的措辞,也没有切中要害的抨击;一通激昂慷慨的风暴,留给我们的只有无聊。在经过一段毫无乐趣的阅读之后,你不免与和蔼的德穆兰一道,掩卷长叹:"唉!"

德穆兰(Camille Desmoulins,1760—1794),法国大革命时期的政治活动家、新闻记者,与丹东等组成"宽容派",反对雅各宾专政,后与丹东一道被处死。

强烈的信念加极端短浅的目光赋予一个人控制他人的威望,一想到他握有的权力,你就免不了心惊肉跳。一个人想要蔑视重重障碍,并展现极强的意志力,他就必须满足这些条件。群众依靠本能确认,精力旺盛、信仰坚定的人就是他们的主宰,他们始终需要这样的人物。

在议会里,演说的成功几乎全靠演说者的威望,与他提出的论证毫无关系。关于这一点,最好的证明是,如果演讲人因为这样或那样的原因而威望扫地,他同时就失去了一切影响,他按照自己的意志影响表决的能力就荡然无存了。

一个默默无闻的演讲人亮相,手握准备充分的讲稿,但其中仅有论证,议员们只会听听而已。有心理学见识的议员德索布(Desaubes)先生为一个缺乏名望的议员勾勒了一幅肖像,他写道:

> 他走上讲台,从公文包里拿出一份讲稿,有条不紊地摊在面前,信心十足地开始发言。
>
> 他自以为能向听众灌输使他自己感到振奋的事情。他反复强调自己的论证,提供了充分的、可信的数据和证据,坚信自己能够说服听众;对他所援引的证据,一切反对都是徒劳。他一开始就坚信自己的事业的正义,相信这会引起同僚的注意,因为他们唯一的渴望便是赞同真理。
>
> 甫一开口,他便惊异地发现大厅里躁动不安,噪音使他有些愠怒。
>
> 为何不能安静些呢?为何大家不注意听我讲话呢?

那些交头接耳的议员在说什么呢？三三两两离座的人，到底有什么急事呢？

他的脸上掠过一丝不安的神情，眉头一蹙，停了下来。在议长的鼓励下，他提高了嗓门接着讲，但听众的注意力更加涣散。他加重语气，辅以手势。嘈杂声越来越大，他连自己的话都听不见了，不得不再次停止。最后，因为担心自己的沉默会招来可怕的叫喊"闭嘴！"，他便接着讲下去。然而，喧闹声变得更加难以忍受了。

当议会的兴奋情绪达到顶点时，和普通的异质性群众一模一样，其情绪表现出走极端的特点。你可以看到，议员们或是会表现出最伟大的英雄主义行为，或是会犯下最恶劣的罪行。个人不再是他自己，而是完全丧失自我，以至于会投票赞成最违背他本人利益的法案。

法国大革命的历史说明，议会能多么严重地丧失自我意识，并顺从那些违背自己利益的暗示。贵族放弃自己的特权，那是何等巨大的牺牲。然而，在国民公会召开制宪会议那个著名的夜晚，他们毫不犹豫地这样做了。放弃自己不可侵犯的权利，议员便随时处在死亡的威胁之中；他们迈出了这一步，并不惧怕贵族阶层中的滥杀无辜——虽然他们很清楚，今天把自己的同事送上断头台，明天自己就可能遭此厄运。事实上，他们已经陷入了我描绘过的那种完全不由自主的状态，任何考虑都不会妨碍他们乖乖地顺从那些暗示，他们已经陷入催眠状态了。下面的文字摘自议员比洛-瓦雷纳（Billaud-Varennes）的回忆录，绝对典型地描绘了那晚的情境："这是我们一直强力谴责的决定，两天前，甚至一天前我们还不想要的决定，居然通过了。造成这一结果的是危机，而不是其他任何原因。"这段话再准确不过了。

在国民会议疾风暴雨般的会议期间，都可以看到同样的无意识现象。泰纳说：

雅各宾派专政时期处决犯人的场景

他们批准并下令执行令自己感到恐惧的命令，不仅愚蠢透顶，而且简直就是犯罪的命令，杀害无辜、杀害自己朋友的命令。在右派的支持下，左派异口同声，在热烈的掌声中把丹东送上断头台，而丹东是左派的天然领袖，是法国大革命的伟大发动者和领袖。稍后，在左派的支持下，右派异口同声，在最热烈的掌声中通过了革命政府所能下达的最恶劣的法令。然后，议会全体一致，在赞扬和狂热的叫喊中，在对德布瓦（Collot d'Herbois）、库东（Couthon）和罗伯斯庇尔等人的热烈赞同中，自发地一再举行选举，留下了杀人成性的政府。平原派憎恶它，是因为它杀人如麻；山岳派憎恶它，是因为自身惨遭屠戮。平原派和山岳派、多数派和少数派，最后都同意为自相残杀的动议助力。牧月22日，整个国民公会把自己交给了刽子手；热月8日，在罗伯斯庇尔发言结束一刻钟后，国民公会再次决议自相残杀。

热月政变，即为反对雅各宾派的恐怖统治而发动的政变，发生在共和二年热月9日（1794年7月27日）。

这幅画面看起来十分黯淡，但它十分准确。兴奋和被催眠到一定程度时，议会都表现出同样的特征。议会成了不稳定的羊群，顺从一切冲动。以下文字描绘了1848年的议会，出自斯布勒（Spuller）先生，他本人是议员，其民主信仰不容置疑。我转录的《文学评论》（*Revue littéraire*）中的这段文字，十分典型。这是一个绝佳的例证，足以证明我上文描绘的一切群众特有的夸张的情绪，以及群众的极端多变性，这些使议会不时从一种情绪转向另一种截然相反的情绪。

共和派因为自己的分裂、嫉妒和猜疑，也因为其盲目的自信和无止境的希望而走向毁灭。它的率直、天真与其普遍怀疑半斤八两。它毫无法律意识，不知纪律为何物，外加没完没了的恐惧和幻想。在这些方面，共和派与乡下人和儿童毫无差别。他们的冷静和急躁平起平坐，他们的残暴与顺从不相伯仲。这是养成不足、缺乏教育的自然结果。没有什么事情能使这些人惊讶，但任何一件事都会让他们方寸大乱。他们可能因恐惧而发抖，又可能英勇无畏、赴汤蹈火，还可能杯弓蛇影、望风而逃。

他们不懂原因和结果，不懂事件之间的关系；忽而灰心丧气，忽而斗志昂扬。他们受制于五花八门的惊慌情绪，不是过分激动就是过分沮丧；从不会心平气和，也不会审时度势。他们比流水还易变，随地形径流，随器物就形。你能指望这样的议员提供什么政体基础吗？

所幸的是，以上描绘的议会特点，并非经常出现。只是在某些时刻，议会才显示出群众的特征。大多数情况下议员个人仍然保有个性，这就可以解释，议会为何能够制定出很好的技术性法律。其实，草拟这些法律的人都是专家，草案是在他们安静的书房里拟订的。因此，表决通过的法律，其实是个人作品，而不是集体的产物。如此产生的法律自然就是最好的法律。当经过一系列修正，草案变成集体制定的法律时，它们才可能导致灾难性后果。无论性质如何，与个人独立创作的作品相比，群众创作的作品总是品质低劣的。专家能够防止议会通过考虑不周全的或无法执行的政策。在这种情况下，专家成为群众暂时的领袖。议会对他没有影响，他却可以影响议会。

议会的运作困难重重，但迄今为止，它仍然是人类发现的最佳政体形式，尤其是摆脱个人专制的最佳形式。无论如何，对哲学家、思想家、作家、艺术家和有学养的人而言，总之对文明的精英而言，议会无疑是理想的政体形式。

况且，议会实际上只呈现两种严重的危险：一是难以避免的财政浪费，二是对个人自由日益趋紧的约束。

第一种危险是出现突发议案和选民群众缺乏远见的必然结果。倘若一位议员的动议表面上满足了民主理念，比如保障所有工人的养老金，或者给一切国家雇员加薪，其他议员就会成为这一议案的牺牲品，因为他们害怕自己的选民，害怕选民的利益受到影响，不敢反对这个议案。虽然他们很清楚这项议案会为预算增加新的负担，并不得不设立新税种，他们也会投赞成票，不可能迟疑不决。增加开支的后果是远期的，不会给自己带来不快的结果；相反，如果投了反对票，当他们争取连任时，就会遇到麻烦。

除此之外，另一原因同样具有强制性——必须赞成一切给地方拨款的议案。议员是不能反对给地方拨款的，因为这些拨款同样反映选民的迫切需要；只有同意同僚的拨款要求，议员才能为自己的选区争取到拨款。①

第二种危险是议会难免会对自由加以约束；这种危险表面上看不太明显，实际上则千真万确。这是无数法律造成的结果，因为法律总是限制性的举措。议员自认为有义务表决通过法律，但由于目光短浅，他们的投票很大程度上是盲目的。

这种危险的确是难以避免的。即使英国也未能逃避这样的危险。须知，英国议会的体制是最受欢迎的，英国议员最不受选民的左右。在一本旧作里，赫伯特·斯宾塞就指出，表面自由的增加必然导致真正自由的减少。在一本近作《个人与国家》（*The*

---

① 1895 年 4 月 6 日出版的《经济学家》（*Economiste*）中有一篇奇文，评论仅出于选举考量就可能达到的财政支出，尤其是有关铁路的支出可能达到的数字。为了连通朗盖耶（Langayes）（一个有 3000 居民的山区小镇）和普伊（Puy），议会通过了修建铁路的法案，拨款 1500 万法郎。连通博蒙特（Beaumont）（3500 名居民）和卡斯特尔-萨拉金（Castel-Sarrazin）要支出 700 万法郎，连通奥斯特（Oust）（有 523 名居民的小村）和赛克斯（Seix）（1200 名居民）要支出 700 万法郎，连通普拉德（Prade）和奥勒特（Olette）（有 747 名居民的小村）要支出 600 万法郎，等等。仅 1895 年，用于地方铁路的拨款就高达 9000 万法郎。其他一些重要的支出也是出于选举的考量。关于支付工人退休金的法律也需要每年的巨额拨款，财政部的统计是 1.65 亿法郎，勒鲁瓦-博利厄（Leroy-Beaulieu）院士的计算是 8 亿法郎。显然，这样连续不断增长的支出必然以政府的破产告终。许多欧洲国家比如葡萄牙、希腊、西班牙和土耳其已经到了破产阶段，其他国家，比如意大利，很快也要陷入破产的困境。不过，目前还不必感到非常惊恐，因为这些国家的公众一次又一次同意忍受补助券被砍掉五分之四的措施。有了这些精心设计的措施，很难平衡的政府预算一次又一次地实现了平衡。我们正在经历一个普遍解体的时期，在这个时期，战争、经济冲突和其他数不清的灾难此起彼伏。我们不得不听天由命、节衣缩食，完全无法考虑未来，因为那是我们不能控制的。

Man versus the State）里,他又重温了这个问题。在讨论英国议会时,他说:

> 自这个时期以来,立法机构一直遵循着我指明的路线。迅速膨胀的独裁政策始终倾向于限制个人自由,这表现在两个方面。每年制定的律令越来越多,对公民的限制有增无减,以前完全可以自由行事的事务受到限制,迫使公民做以前他可做可不做的事情。同时,日益沉重的公共负担,尤其是地方的公共负担进一步限制了公民的自由;公民可自由支配的收益份额减少了,而取之于民、可根据政府的喜好支出的份额随之增加了。

这种对个人自由日益增加的限制,在每个国家都以一种特殊的形式存在,那是斯宾塞没有指明的形式。无数的立法一般都是限制性的;这些法令必然会大大增加执法的公务员的数量、权力和影响。这样,他们往往成为文明国家的真正主人。他们的权力越来越大,因为在权威不断迁移的过程中,只有行政阶层不受到这些变迁的触动。唯有他们不承担责任,以非人格化的形式存在,地位永固。这是三重形式的压迫性专制,世间专制的暴虐莫过于此。

不断制定限制性法规,用最复杂的条条框框圈定琐碎的生活行为,必然把公民自由活动的空间限制在越来越小的范围之内。有一种错觉认为,法律越多,自由和平等能得到的保障就越多。

各国都有这样的错觉，因此都同意忍受越来越不堪承受的负担。同意这样的立法，就不可能不受惩罚。习惯忍受枷锁的人，终究会渴望被奴役，会失去一切自主精神与活力。如此，人不过是空虚的幻影，成为消极、顺从、有气无力的机器人了。

到了这一步，个人必然要去身外寻求自己不具备的力量。公民的冷漠、无助有增无减，政府的职能必然随之成比例增加。政府就不得不表现出公民个人所缺乏的主动、进取和引领精神，就要承担一切、领导一切，把一切都置于自己的保护之下。于是，国家变成了全能的神祇。然而，经验证明，这种神祇的力量难以持久，也不会很强大。

在某些民族中，一切自由都受到了越来越多的限制。不过，表面上的许可使它们产生了错觉，以为自己还拥有这些自由。自由的受限既是具体制度的产物，也是制度衰老的结果。这就是文明衰落期的先兆，迄今为止，尚无任何文明能逃脱这样的衰落。

根据历史教训以及随处可见的引人注目的先兆来判断，有些现代文明已老态龙钟，快到衰败期了。看来难以避免的是，各民族都要经历同样的生存阶段，因为历史似乎是在不断地重蹈覆辙。

对于这些文明进化的共同阶段，不难做一个简单的说明。我将对它们做一个概括，以此作为本书的结尾。这种速记式的说明，也许能给人一些启发，使人了解群众拥有力量的原因何在。

对于我们之前的文明，如果我们遵循文明演化的主线，考察其伟大与衰败的原因，我们会看到什么呢？

文明破晓时，一群来源不同的人，因为迁徙、入侵或占领，偶然相聚。其血缘不同，语言和信仰也不同，唯一共同的纽带是一位首领所掌握的没有完全得到承认的"法律"。在这些混杂的人群中，群众的心理特征非常突出：短暂的内聚力、英雄主义、脆弱、冲动、暴力。没有任何力量使他们稳固地联系在一起。他们是野蛮人。

时间终于完成了自己的作品。同样的环境、反复的异族通婚、共同生活的必要条件共同发挥作用。不同的小群体相聚，融合成一个整体，形成了一个种族。种族是一个聚合体，拥有共同的特征和情感，遗传的作用使种族日益稳固。于是，群众就成为民族，民族就摆脱了野蛮状态。然而，只有在经过长期的努力、不断的奋斗、无数次的重新开始，并获得了某种理想之后，它才能成为一个完全意义上的民族。这个理想的性质并不重要，无论是对罗马的崇拜、雅典的强盛或真主安拉的胜利，都足以促进种族的形成，并赋予每个人思想感情上的完全统一。

到了这个阶段，一种新文明就可能诞生了，它拥有自己的制度、信念和艺术。这个种族追求自己的理想，逐步获得一些必需的要素，这些要素赋予它辉煌、活力、宏伟。无疑，它有时仍然是一个散漫的人群，然而此后，在流动和变易的特征之下，你会发现一个坚实的底层。这个底层是种族的禀性，这一禀性把民族的变化限定在狭小的范围内，压倒了偶然因素的作用。

时间完成了这项创造性工作以后，便开始了破坏的过程。无论神祇还是凡人，都无法逃避这一过程。达到一定的强盛和复杂水平之后，文明便不再发展；一旦止步不前，文明注定会迅速衰落。此刻，文明的老年期便来临了。

衰落的时刻不可避免，其标志总是种族理想的衰落，而理想是种族的中流砥柱。随着支柱的坍塌，由理想激励的，与理想对应的宗教、政治和社会结构也变得苍白无力、摇摇欲坠了。

随着理想的进行性衰退，种族失去了赋予它凝聚力、团结和力量的品质。个体的人格力量和智力或许还能增长，但种族的集体自我却会退化，被过度发展的个体自我取而代之；与之相伴的是品格的弱化和行动能力的弱化。原本好好的一个民族、一个联合体、一个整体，最终变成一个缺乏凝聚力的聚合体，仅仅靠传统和制度聚合，但只能人为地维系一时而已。到了这个阶段，人们因利益和愿望的不同而四分五裂，不再拥有自治能力，最微不足道的行为也需要指引了。于是，国家开始施加吸引人的影响力。

随着古老理想的丧失，种族的禀赋完全消失；种族沦为一群孤立的个人，回归到原始状态，即乌合之众的状态；它缺乏一贯性，也没有未来，只剩下乌合之众的转瞬即逝的特征。其文明失去稳定性，只能听凭偶然因素的摆布。平民的权力至高无上，野蛮的潮流汹涌澎湃。或许，其文明表面上仍然华丽，因为它尚有光鲜的外表，那是悠久的文明的馈赠物。然而实际上，这座大厦岌岌可危，不再有任何支撑，风暴一来就必定轰然坍塌。

在追求理想的过程中，一个民族从野蛮状态演进到文明状态，后来，民族的理想失去优长，它便走向衰落和死亡，这就是一个民族的生命周期。

附:《乌合之众》的诸多矛盾

罗伯特·默顿

罗伯特·默顿（Robert K. Merton，1910—2003），美国著名社会学家，科学社会学的奠基人和结构功能主义流派的代表人物之一。

在权威的《社会心理学手册》(Handbook of Social Psychology) (edited by Gardner Lindzey, 1954) 里，美国社会心理学泰斗戈登·奥尔波特断言，"在关于社会心理学的著作中，最有影响者，也许是勒庞的《乌合之众：群众心理研究》"。至于该书是否名副其实，享有如此显赫的地位，那是值得一辩且始终在辩论的问题。然而毫无疑问，对于旨在理解集体行为机制和社会心理学的人而言，该书业已产生强大的影响。我们也不能怀疑它与我们这个时代的相关性，成群的美国人采纳了"孤独的人群"（lonely crowd）和"人群里的面孔"（faces in the crowd）这样的流行语，认为它们恰到好处地描绘了我们的境遇和经验。

戈登·奥尔波特 (Gordon W. Allport, 1897—1967)，美国心理学家、现代个性心理学创始人之一，著有《社会心理学》《人格的本质》等。

勒庞这本小书的影响力经久不衰，这对我们来说是一个难解之谜。1895年问世时，说它是时尚图书相当公允。一

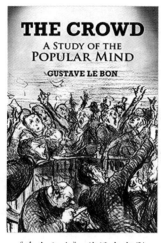

《乌合之众》英译本书影

本时尚书盛行七八十年，必然有其独到之处。如果考虑其性质，难解之谜就更令人困惑。也许，该书所述内容前人已有阐述，且更为准确；该书问世之后，这些道理尤其讲得透彻。尽管如此，该书仍然产生了相当大的思想影响。更令人困惑不解的是，如今已被证明，书里的一些概念或被人误导，或误导别人，或全然错误。然而，对研究大众行为的学者而言，它仍然是必读书。最后一点，该书包含驳杂的意识形态，但来自各色各样的意识形态背景的作者都认真对待它。我们尝试解开表面上矛盾的一团乱麻，以更好地理解它今天的现实意义。

《乌合之众》的生存境遇和命运有助于解开谜团。各派学者都被勒庞的思想所触动，无论他们是否同意。不同意者有社会心理学家弗洛伊德（Sigmund Freud）、社会学家罗伯特·帕克（Robert Ezra Park）；完整接受者有平民主义社会学家罗斯（E. A. Ross）、威廉·麦独孤（William McDougall）。反对者诘难勒庞的言论，但只要他们还未放弃对社会心理学问题的兴趣，他们就不能对这些言论漠然置之，因为这些都是基本的问题。

《乌合之众》具有意义重大的优长。从头至尾，此书都展示出对重要现象的问题意识。用大法官霍姆斯（Mr. Justice Holmes）

先生的话说，勒庞在这本书中表明，他具有"深喉的本能"（instinct for the jugular），只有极少数思想深邃者方有这样的才能，他们能够一次又一次地辨识重大的研究问题。勒庞这本书所论的焦点问题无一例外地注定要成为社会心理学家感兴趣的主要问题，而且那些在思考我们生活于其间的社会的人，也无不对这些问题感兴趣。这本书的书名有局限性，但那是假象，书中的很多内容并不限于"群众"这一问题。可以说，这本书省略较多，有时甚至时代错置；在这里或者那里，勒庞触碰到了当代人的一些关怀：社会顺从和过分顺从、趣味单一、大众的反叛、大众文化、受他人支配的自我、大众运动、自我异化、官僚化机制、逃离自由却落入领袖的怀抱以及无意识在社会行为里的作用等。总之，他考察了大量社会焦点、课题和概念，它们都是现代人感兴趣的问题。一本小书拥有多重实用性，我相信这就是它的生命力经久不衰的原因所在。

因此，《乌合之众》的当代意义在于其发现问题的功能，而不是解决问题的功能。这两种功能既相连又不同，从以下事实可以略窥其妙：该书对弗洛伊德意义重大，弗洛伊德提供了一条重要渠道，使勒庞的思想影响得以流入当代人的头脑。20世纪20年代，弗洛伊德的注意力转向群体心理学（group psychology）。他在这个课题上的第一部专著是《群体心理学和对自我的分析》（*Group Psychology and the Analysis of the Ego*）。开卷伊始，他就用一章研究勒庞的《乌合之众》。第一章开篇就断言：勒庞的名著

《乌合之众》实至名归。该章的结尾又是一句类似的断言:"他描绘的群体心理精彩纷呈。"在两句断语之间,他大段引用勒庞的话,穿插在引语之间的是弗洛伊德简明扼要的解说。这一章占了弗洛伊德全书的六分之一。

然而,很快我们就看到,弗洛伊德并未谨守他毫不含糊的好评。在第二章一开头,他就抹掉了第一章中对勒庞思想的赞扬:"……我们必须补充说,实际上,作者的论述并没有提出任何新东西……再者,勒庞等人对群体心理的描绘和评估绝不是没有争议的。"

这个毁灭性的裁定似乎不太厚道,和他前几页书上的赞扬不协调。然而,这种双重的摒弃可能是真情流露,而不是粗鄙的夸张;夸张这一修辞格自古以来就是使论述言简意赅的手段。那么,我们不妨抽去弗洛伊德夸张的措辞,只保留其核心内容,并发问:倘若勒庞的论述毫无新意,都不真确,弗洛伊德为什么还如此关注这本书呢?为什么弗洛伊德和其他严厉的批评者还明白无误地从学术的角度尊敬它呢?为什么他将其作为自己涉猎社会心理学的出发点呢?弗洛伊德坦诚地回答了这个问题,十分有趣:"我们借用勒庞的描绘,作为引子,因为他的文字和我自己的心理学十分吻合,我们都强调无意识的心理生活。"

乍一看这句话颇有说服力,但用短短一句话解释他对勒庞思想的喜爱,当然是不完全的。这可以解释,他何以觉得勒庞的书有长处,却不能解释他为何贬低勒庞的思想:既无新意,又不真确。我们有必要进一步了解弗洛伊德的矛盾心态。弗洛伊德评价勒庞时的矛盾心态是毋庸置疑的。在书的某一页上，他不接受勒庞的观点；在稍后的一页上，他却又转向另一种评价：勒庞"对群体心理的速写，光彩照人"。

在弗洛伊德论述勒庞的章节中，我们可以对这种矛盾心态做出思想层面而不是心理学层面的解释。这可以从他论勒庞的第一章看出来。在这里，他几乎是用一种猫捉老鼠式的，即苏格拉底式的对话方式，为他和勒庞两个人写台词。至于他矛盾态度的基础，归根结底是：勒庞只是问题的发现者，而他弗洛伊德将成为问题的解决者；他不能准确判断，勒庞是否既是问题的发现者又是问题的解决者。勒庞的前一种能力值得赞赏，弗洛伊德对此不惜颂扬之词。至于后一种能力，说得好听点，勒庞是笨拙的；说得难听点，其论述甚至是完全错误的。弗洛伊德坚称，勒庞既笨拙又错误。弗洛伊德把这两种角色交替派给勒庞，他就在这种矛盾的两极之间摇摆。最后，弗洛伊德为这一切描绘了一幅清晰的画面（但需要大幅修改）：勒庞播下种子，弗洛伊德浇灌禾苗并使之茁壮成长。

在弗洛伊德看来，勒庞发现了问题，辨识出群众和群体生活的显著特征，却没有予以解释。

勒庞发现了群体心理学的"基本"事实，阐述了"情绪强化"和"智力受抑制"的问题。然而弗洛伊德说，勒庞没有看到，对问题的解释要到心理过程里去寻找，而心理过程确定了群体成员的情感联系。

同样作为问题的发现者，勒庞看到了"情绪传染"和暗示性在群众和有组织的群体里的重要作用。然而弗洛伊德说，勒庞没有看到，群体成员与领袖之间的里比多纽带，以及成员之间的里比多纽带是这些作用得以发挥的重要原因。

勒庞知道，只要人们之间没有彼此联系的纽带，"单纯的集合就不构成群体"，但他没有看到，这些纽带是如何形成的。

勒庞特别注意到群体情感的快速交替、爱恨摇摆、团结和敌视，然而，他不懂得这种矛盾心态和理想化状态（在理想化状态下，被过高估计的受爱戴的领袖暂时免于批评）的心理动力学机制。

勒庞"生动地描绘了"群众"缺乏情感约束"，没有能力克制与反复思量自己的行为。然而，他没有说明这些正是倒退回人类较早阶段的表现，他没有掌握相关的理论。（即使杰出的弗洛伊德也有"上帝打盹"的时候。他说得对，勒庞没有清晰的退化观念，然而，勒庞反复指出冲动、"推理能力、判断力的缺乏和情绪的夸张"等群众特征，并认为这些特征"总是见诸低级进化形态的生命中，比如妇女、野蛮人和儿童"。如此，他预见了弗洛伊德的错误：弗洛伊德自己也写道，倒退回"早期阶段，我们会毫不惊讶地在野人或者儿童身上看见这样的现象"。显然，弗洛伊德让女人免于这样的倒退。）

弗洛伊德说，勒庞不懂"领袖在群体心理里的重要作用"。

这一批评是不正确的，也是不公正的。弗洛伊德说，他自己能看到领袖在群体行为的心理过程中不可或缺的作用。弗洛伊德没有看到，就像他本人一样，勒庞是非常重视英雄神话的。在和奥托·兰克（Otto Rank）商榷之后，弗洛伊德也说，英雄神话是个人解放自己的手段——让人能摆脱群体持续不断的宰制。

勒庞注意到并强调群众里的"拉平"倾向，也就是在平庸的低水平上的对完全平等的要求。然而，按照弗洛伊德的判断，勒庞没有看见，这是一个潜隐的过程的外在和可见的结果；在这个过程中，群众成员"凭借对同一对象的相同的爱而互相认同"；在这句话里，弗洛伊德的"对象"指的是领袖，这是他的专用术语。

勒庞用独特的语言戏剧性地描绘了"对顺从的渴望"，称之为群众和群众人的特征。然而他止步不前，没有认识到，这样的渴望之所以出现，是因为在领袖身上群体的理想替代了自我（ego）的理想。

最后，我们要说，弗洛伊德自己也犯了一个错误，但这一错误又给人以教益。他说，勒庞局限于研究短暂聚集的群体，无意之间击中了一个很有用的研究课题，因为在短暂聚集里最容易发现，个人的自立和自主是如何被放弃的，个人又是如何盲目顺从群众的要求的。弗洛伊德把勒庞的群众概念限制到一个非常狭小的范围内，他错了，只需读一读以下内容就能明白这一点。然而，一流人物即使犯了错误，在某一方面也能结出一些果实。弗洛伊德对勒庞的错误解读是一种"幸运的错误",无意之间导向了一个新的真相。他说,勒庞的断言"与短命性的群体相关"。虽然这一解读错了,但他因此赞扬勒庞有意识地选择研究"这些嘈杂的短命群体,它们仿佛叠加在其他群体之上。在这里,我们邂逅了一种奇观:我们承认的个人习得的行为荡然无存了,虽然是短暂消失,却完全彻底"。在这一批评里,弗洛伊德举例说明了一条原理,这是科学研究的基本原理,是社会科学特别需要强调的原理,可惜人们很少认识到这一原理。这一原理可以表述为对"重大研究领域"的追求,换言之,搜寻的对象(这里的对象是短暂聚集的群众)使我们能够研究一个科学问题,并多有斩获。

在一定程度上,勒庞做了弗洛伊德设想他应该做的事情,不过,那是他无意为之的事情。勒庞把重点放在短暂聚集的群体上,但并不局限在这个范围里。在勒庞的习惯用法中,"群众"这个概念较为松散,既指短暂聚集的人,也指持续存在的群体和社会阶层(议会、宗派和阶级)。然而,勒庞既注重研究持续存在的公众甚至更持久的社会阶级,又注重研究形成政治暴民的短暂聚集的人群;如此,他实际上抓住了研究集体行为过程的重要机遇——他研究了非常一目了然的集体行为过程。有理由认为,弗洛伊德把一种方法论赋予了勒庞,但很明显那不是勒庞的方法论。弗洛伊德高度评价勒庞并不是因为后者做了所有的科学家都会做的事情——科学家搜寻重要的研究材料,有效地证明广阔范围内各种变量间的相互作用，而不是仅仅局限于研究之中的具体案例。

弗洛伊德对勒庞的矛盾心态总体上可以这样来表述：勒庞很敏锐地击中了群众和群体行为的显著特征，但没有做出令人满意的解释。从这一评估看，勒庞的作用相当于搜寻"松露"的寻菇犬，只在社会心理行为的表层驻足，而表层之下才是理论上重要的"松露"；而他弗洛伊德才看见了他人看不见的"松露"。他投射的自我形象和勒庞的形象相反，他自认为是大师，能挖掘表层之下的理论，寻找到社会心理学的"松露"，将其作为精神的美味佳肴奉献给世人。这两个形象对他们两人都不公道，但又不是完全不公道。勒庞首先是群体社会心理学的问题发现者；弗洛伊德在某个阶段是这个领域里富有想象力的问题发现者，同时又是成功的问题解决者。考察弗洛伊德对勒庞的矛盾心态，我们能看到他的思想的贡献和局限。这些思想既可以说是新鲜而重要的（他人已经有所预见，因此并非必不可少），又可以说是正确和重要的（并非绝对正确，故仅有暗示意义）。弗洛伊德对勒庞《乌合之众》的矛盾心态是一个恰切的例子。

弗洛伊德关于这本书的体会绝不是非常独特的体会。之所以挑选他的体会来看，并不是因为在任何时候，弗洛伊德精妙和富有创意的思维都能给我们带来乐趣，而是因为他对勒庞的理解和无心插柳的误读有助于我们理解这本书。倘若弗洛伊德在发展他关于社会人的行为的思想时在其中找到了多重现实意义，那么，我们也能在一定程度上做到这一点。虽然他发现的东西没有任何一样是全新的或完全正确的，但其中很多拥有复合的意义，这是对我们大家的教益。勒庞的表述远不是最终的结论，而是初步的成果，这给该课题的研究提供了一个入门的要津。

一些具有现实意义的因素能够助力弗洛伊德的解读，也会有助于我们的解读。这要求我们不限于从字面上去解读。我们不仅要注意勒庞明说的是什么，而且要注意他的暗示，注意他的表面意图之外还隐含着什么，借此，我们就会敏于观察过去不曾留意的社会行为的其他方面。如果读者要从这本书中获得尽可能多的东西，那么，就像对待其他许多书一样，他就必须从字里行间读出深层的意蕴。对于理解服从和顺从的倾向，这样的解读尤其重要；服从和顺从是我们行为的推力，因为我们大家都是某种群众中的成员，尤其是鼓噪自己的不顺从（实际上受到严格管制）的群众。

大量现实意义隐藏在字里行间，但仅此一点并不足以解释《乌合之众》的持续影响力。这样的影响力还来自于它的主题，它们是一个思想复合体的组成部分；这个复合体至今与我们如影随形，它强调人类行为的非理性和无理性。按照这一世纪末的人像，人很容易受他人操纵、控制，莫名其妙地受他人欺骗。但这显然是一幅未完成的肖像画。这是因为如果有被控制的人，必然就有控制者。如此，为达到自己的目的，躲在背后的人就把他人当作手段来利用。进一步的假设是，人有无限的自我欺骗的能力,能指恶为善,或者弃善从恶。从这幅人性的画像中能演绎出一种社会哲学和社会学。按照这一理论,人特别容易受制于社会诱导的愚行,在这一过程中,人天然的智慧被钝化为平庸,因为他努力追随群众,或者因为在并不那么有效的暴力和胁迫下,他欺骗同伴,从而走上邪恶之途。

人是非理性的、自私的,严重受制于心血来潮和反复无常,受制于邪恶的"合理性",既是不假思索的暴力和虔诚的欺诈的发动者,又是其受害者。在勒庞写作此书的那个时代,人的这个形象绝不是什么新鲜的事情。至少从《君主论》的时代起到《乌合之众》的时代,人的这个形象在每一个世纪的马基雅弗利式的作者的笔下都被映射。《君主论》的书名聚焦于控制者,耐人寻味;《乌合之众》的书名把焦点转向被控制者。另外一个事实是,从19世纪下半叶开始,一直持续至今,人的这一形象十分突出,即使不能说完全取代了之前的关于人是绝对理性的动物的观念,也多少抵消了这种观念。

勒庞的《乌合之众》论述人及其行为的不可爱特征,它仅仅是数以十计的这类著作之一。许多心理学家、社会学家、社会哲学家、政治理论家、政论记者、郁郁寡欢而富有创意的小说家都把他们的著作或者应景之作变成铅字印行了。勒庞这本书1895年印行,同年,弗洛伊德与布洛伊尔(Josef Breuer)开创性的《歇斯底里研究》(*Studies on Hysteria*)也问世了。这两本书几乎同时问世,绝非偶然。同样的社会条件催生了许多强调人的非理性一面的著作，因此，内容类似的作品几乎同时问世就全然是可能的事情了。

有人会否定这一说法，并争辩说，每个时代都有自己的麻烦，每个时代的人都使自己相信，其所处的时代所代表的是理性的黄昏或非理性的黎明。但这样的论点是错误的，它不能解释，为何在 19 世纪下半叶，这种时代的自我形象迅速盛行于法国。早在 19 世纪 50 年代，龚古尔兄弟（Goncourt brothers）组成了一个两人文学委员会。他们不满足于在委员会内部达成一致意见，而是联合起来预言，向贫血的欧洲文明发起猛烈攻击的不是野蛮人（欧洲已无野蛮人），而是（在他们看来）不文明的工人，工人会把工作描绘成"社会革命"。法国的人文主义的知识分子，比如伊波利特·泰纳、查理·圣佩韦（Charles Augustin Sainte-Beuve）、保罗·加瓦尔尼（Paul Gavarni）、欧内斯特·勒南，以及龚古尔兄弟生活和工作的那个圈子里的其他人，无不哀叹时代的"道德卫生"状况，都表达了对未来岁月的担忧。在许多方面，他们的预言与勒庞这本书的预言颇有相似之处。比如，泰纳就预言，20 世纪的人会表现得活力有余而悟性不足。

群众主宰的时代即将到来，征兆远不止这些模模糊糊的现象。这表明，即使勒庞不曾在世，从社会学的角度看，他的思想也必定会表现出来。最佳的证据是：另一位社会学家在同一时间表达了大致相同的思想。这就是意大利社会学家西庇阿·匹盖勒（Scipio Sighele）。法国社会学家加布里矣尔·塔尔德也同时提出许多相同的理念。当两个或两个以上的人同时发表了相同的理念时,常常会争论谁先谁后。这种持久而激烈的争论可以用来解释,为何勒庞会在书中不断重复他 15 年前关于"模仿"或"情绪传染"的论述,外人并不解他隐秘的言下之意。他长期与西盖勒论战,或者是公开的,或者是含沙射影(这是他典型的风格)。在《教派心理学》(*Psychologie des sectes*)里,西盖勒直率而愤怒地宣告,率先提出这些思想的是他;在他的笔下,

加布里埃尔·塔尔德(Gabriel Tarde, 1843—1904),法国社会学家、心理学家、统计学家、犯罪学家和群众理论家,著有《比较犯罪学》《模仿律》等。

勒庞的《乌合之众》"多半是我那本书改头换面的样子,手段相当高明"。西盖勒趁热打铁,在《犯罪群体》(*La foule criminelle*)(第二版)里,又抱怨说,勒庞"盗用我关于群众心理的观察所得,却不注明出自于我"。他接着说,"我相信,他采用我的思想,却不标明是直接引用,这是对我无以复加的赞誉——我的话无一丝讽刺,也不容丝毫怀疑"。我们今天的兴趣当然不是裁决这些一度非常激烈的关于优先权的争论;当事人身后的评判要留给那些取得了学术成就的法官和思想史家。我们之所以对西盖勒和勒庞以及勒庞和塔尔德的争论感兴趣,仅仅是因为这个案例可以说明一种现象:几乎同时、基本相同、至少一定程度上独立形成的思想出现了。这证明,这些思想几乎必然出现,因为文化遗产里

积累了必备的知识,因为社会诱发的兴趣使思想家的注意力转向了催生这些思想的问题和现象。

由此可见,勒庞这本书在一定程度上表现了时代的文化氛围。相当严密的证据指向这样的看法,这句话可不是信手拈来的说辞。我们再转向约瑟夫·格兰维尔(Joseph Glanvill)在17世纪做的气象学比喻,这个少有人问津的比喻到了20世纪才被阿尔弗雷德·怀特海重新激活。构成舆论的思想之所以在那时出现,并不是偶然的。一般地说,思想是底层社会结构变化的结果;社会结构不堪承受的压力和张力催生了这些思想,社会结构的震荡和转变凸显了这些思想;相宜的思想被接受,不符合潮流的思想就不再相宜(不相宜的思想还要不断冒出来,因为并非文化里的一切都是由社会结构决定的;同样的压力因人而异,对身处社会结构不同位置的人而言,结构压力并不一致,思想的意义也各有不同)。总体上说,同样的社会条件促成思想的创新和传播。具体地说,我认为,重大的历史事件使勒庞的观察和思想立即走红,这些历史事件也指引他走向这些思想。同理,这些事件使勒庞与公众产生共鸣。

阿尔弗雷德·怀特海(Alfred North Whitehead, 1861—1947),英国数学家、教育家和哲学家,创立了20世纪最庞大的形而上学体系。

只需看看勒庞漫长人生的历史语境中的几件事，就足以显示，为什么对他本人和读者而言，他笔下的群众里的个人形象都是合理、可信的，为什么他没有寻找时机去对这一形象做重大的修改。他生于 1841 年。彼时，被认为具有革命精神的国王路易·菲利普（Louis Philippe），正在转变为彻头彻尾的保守派，他在搅动时局，使激进主义卷土重来，使空想社会主义得到传播。勒庞 7 岁时，巴黎打起街垒战，国王迅速退位。六月起义的惨烈巷战后，路易·波拿巴亲王（Prince Louis Napoleon）取代国王，成了第二共和国总统。当然，那时的勒庞不可能理解路易·波拿巴如何巧妙地利用公民投票，使自己从总统变成皇帝，并以拿破仑三世的称号目空一切地统治法兰西第二帝国。不过，到了 19 世纪 60 年代，很显然，勒庞赞同皇帝安抚民心的十年统治；这一政策旨在避免民众的反叛，希望巴黎的民众能在色当惨败之后遗忘欧洲。在 1871 年的巴黎公社期间，激进派偕同共和派、普鲁东派和布朗基派登台掌权，旋即短命倒台，勒庞对此深感忧虑。对于公社的反叛，马克思的心情十分矛盾，既说它是一个巨大的政治错误，又认为它预言了工人即将为获得自己的权利而举行起义，是工人获得最终解放的序曲。勒庞是一位成熟但并非总是敏锐的观察家，他目睹了第三共和国的磨难。从 1870 年起，政府走马灯般地更迭，蛊惑人心的政客竭力夺权（有时确实成功了），统治民众。尤其重要的是，为了即将动笔的著作，勒庞仔细观察了既优柔寡断又好战的布朗热将军，这位煽动家迅速崛起，拥有巨大的潜力。1886 年 7 月 14 日，这位"马背上的将军"，骑着他那匹名为突尼斯的黑色战马闯进了历史。

勒庞在《乌合之众》中只有两次提到布朗热。一次提到他的名字；另一次只是隐隐约约地暗示布朗热，致使英译者觉得有必要加些注释，以帮助不记得那段历史的读者更好地理解。勒庞对布朗热的暗示表明，他的群众和社会心理概念在很大程度上基于他亲眼所见的现象。他本人态度保守，即使说不上心惊胆战、悲观失望，至少也感到非常沮丧。勒庞是这样谈布朗热的：

> 群众很容易扮演刽子手的角色，同样很容易慷慨赴死。（勒庞注意到这样的矛盾，他的观察令弗洛伊德感到亲切。——默顿）正是群众，为了信仰的胜利而不惜血流成河（他补充的这句话给我们启迪。——默顿）。若想了解群众流血牺牲的壮举，我们不必回顾英雄时代。揭竿而起时，群众绝不吝惜自己的生命。不久前，一位将军声名鹊起，很容易就找到成千上万的追随者；只要他一声令下，他们就不惜为他的事业而流血牺牲。

勒庞未点明的将军当然就是布朗热。布朗热这一幕，即使法国人没有忘记，我们美国人也已忘掉这半了。同理，富有煽动力的鼓动家煽起的其他可怕而短命的时期，在每个国家流传的史籍中，通常也被忘得差不多了；凡是没有最终合法接管政权的鼓动家，一般都会被人遗忘。然而，在 19 世纪 80 年代的后五年里，布朗热将军名望上升，布朗热主义运动高涨，巴黎的政治群众崛起，占领了法国的政治舞台，正如20世纪50年代的前五年中约瑟夫·麦卡锡（Joseph Raymond McCarthy）参议员和名为麦卡锡主义的运动占领了美国的政治舞台一样。（可笑的是，这两件事居然连细节都十分相似。麦卡锡在政治生涯终结的三年后落魄而死；布朗热被威胁将以叛国罪被审判，而后逃离了法国，三年后毙命，死因显然是自杀。）

如此匆匆地介绍历史人物和运动，时间上相隔几代人，社会空间也相当遥远，乍一看是茶余饭后的历史类比，其实不完全是。毕竟，勒庞的《乌合之众》不是在写历史。他吸收了历史素材，旨在发现群众特性和行为里反复出现的一致性，只是细节略有不同而已。在勒庞的思想经历中，没有证据表明，他援用布朗热那一幕历史，主要是想用归纳法追溯群众的社会心理，但是那一幕的确引起了他的注意，正如它吸引了当时不动脑筋的法国人一样。

被偶像化的布朗热的这段短暂而不光彩的历史，读起来就像是勒庞创作的社会心理学剧本，反映的是领袖和群众的关系。然而，既然历史事件发生在他写书前，因此更为合理的假设是，勒庞对事件进行了总结，而不是布朗热和他的追随者预演了《乌合之众》。布朗热主义是勒庞的群众行为动力论的源头，也是其证明。既然如此，布朗热主义就值得我们注意。

布朗热步步高升，成为法国军队中最年轻的将军，旋即晋升为陆军部部长，那是激进派领袖克列孟梭所做的秘密决策。起初，他显著改善军队的生活条件，因而获得广泛的支持；那时的军人已不是职业军人，不习惯吃苦，军队依靠普遍兵役制，让平民在短时间内变成军人。不久，布朗热变成了一个多面人物，他的形象因人而异。对第三共和国不满的民众视他为领袖，认为他能消除导致他们的不满的主要根源，即推翻共和政府。布朗热本人没有任何特定的政治信仰，所以他就允诺满足许多政治派别的对立的需求，他确实做了这样的允诺。他答应戴鲁莱德的爱国者同盟，指使恶棍用大棒来贯彻他们的沙文主义主张，并把德国人赶回莱茵河以洗雪民族耻辱；对于波拿巴主义者，他许诺要恢复帝国；对于维持他开支的保皇党，他答应恢复君主制。同样，五花八门的政治群众如社会主义者、机会主义者、温和的共和派和持不同意见的激进派，都把他认作"自己人"。这些驳杂的群众的共同主张是反对共和制，因而松散地结合在一起。他们都认为，布朗热将军是自己事业的领袖；不过，除了"将军"本人的事业之外，实际上他不支持任何事业。全国民众的各种矛盾，在这位领袖的身上得到了统一。

政治事件一个个闪亮登台：1886年巴士底狱纪念日，巴黎民众在珑骧高喊支持将军，不要总统；在将军竞选获胜后，巴黎的群众不断高喊，敦促他向爱丽舍宫进军；报纸对他百依百顺，先是罗什福尔（Rochefort）的《不妥协者报》（*L'Intransigeant*），然后是维伊奥（Veuillot）的《宇宙报》（*Univers*），再后来，其他一些报纸众口一词，变成了将军及其运动的宣传单张，一听到"街上有人说什么"，它们就跳出来证实街上的传言；民众献给将军的颂歌迅速增加，"我们勇敢的将军布朗热""啊！复仇的将军"和"希望的将军"流传开来，既表达了群众的感情，也控制了他们的感情；玩具、机械小玩意以他命名，甚至在风行的狂热中，烈酒也以他命名。总之，布朗热的魅力盛极一时，几乎又要在新的雾月十八日大获全胜。这一切无须详细重述，它们只不过是《乌合之众》的一鳞半爪而已。（勒庞这样描述那位将军，"只要他一声令下，他们就不惜为他的事业而流血牺牲"。这句话字里行间的意蕴便是这个意思。）

布朗热的故事余下的部分也隐含在这本书里，只是被乔装为概括的叙事。作者的记述特别精到。他记述了群众的爱恨无常所造成的迅速变迁，失衡的状态突出表现在巴黎，但在外省也一样。今天膜拜他，明天就谴责他。在布朗热的迅速崛起中，勒庞也许找到了他用于《乌合之众》的一条公理：就威望的生成而言，一事成功即百事成功。同理，在布朗热的突然垮台中，他看到一条相关但没有被点破的公理：就威望的暴跌而言，一事失败即百事失败。法国精明的政治家利用了这位大众英雄的诸多弱点，牵头者是老牌政客、法国内务部部长孔斯坦（Earnest Constans），当然和布朗热作对的不只孔斯坦一人。如此，他便很快倒台，正如他很快崛起一样。慑于即将到来的对叛国罪的审判，布朗热偕他钟情多年的情妇玛格丽特·德·邦曼（Marguerite de Bonnemains）逃离法国，先去往布鲁塞尔，被驱逐出境后又去了伦敦，然后到了泽西，最后又回到布鲁塞尔。在流放中，他依然抱着天真的乐观主义，发表了一些没人读的宣言，最后终于认识到，法国的政治群众落入了狡猾的政客手中，不再将他视为自己命运的主宰。1891 年，由于政治失败的打击，再加上玛格丽特因结核病去世，布朗热经历了两个月的伤痛期，随后在安葬玛格丽特的伊克塞勒墓地自杀身亡。

勒庞和他的同代人远观这一切，但和大多数人不同的是，他反思目睹的一切。在这出大戏的半途，他看到巴黎的群众反复无常，接二连三地登台亮相，迅速地忘记了他们的"马背英雄"。1889 年 6 月，布朗热逃亡不久，万国博览会（Universal Exposition）开幕。无数展品赏心悦目，而傲视巴黎的埃菲尔铁塔格外引人注目，那 300 米的钢铁身躯，向公众开放，直刺蓝天，宣告了新世纪的到来。在这个世纪里，钢铁城市将取代石头城市。勒庞反思群众的特征：易受暗示、容易轻信、反复无常，这些想必都是报复那位末路英雄的证据，并说明了这样一个主题："群众对英雄进行报复，他们曾经对其点头哈腰，但是现在不再承认他的地位。"

和同时代的人一样，勒庞目睹、留意、记述这一切，最终以概括的形式将其写进《乌合之众》。即使布朗热那幕戏不能为他的社会心理学磨坊提供足够的谷物，眼前的历史也能信手拈来，供给他充足的原料。布朗热主义落幕不久，德·雷赛布的故事作为收场的一幕随即上演。这个能移动山岳、凿穿地峡的人,在取得了轰动世界的伟大成就——开凿苏伊士运河——之后,栽倒在修建巴拿马运河的工程上,这个工程中充斥着丑闻。在 88 岁的耄耋之年,他身佩荣誉军团(Legion of Honor)大十字勋章,豪情满怀,却发现自己被判五年徒刑。对于这件事,勒庞难以做到平心静气,也无法保持学术上的超然物外。所以,在本书的字里行间,我们都能看到他愤愤不平的分析:民众如何把攻击的矛头转向这位"历史上最著名的英雄"。

这一系列事件的高潮,就是一个所谓的"大事件"。直至今天,法国人还未充分理解其含义。它也许加速了此书的写作,对此我们也不甚了了。就在勒庞写作《乌合之众》的同一年,德雷福斯(Alfred Dreyfus)上尉被起诉。他迅速受到秘密审判,被判叛国罪、褫夺军衔并发配到魔鬼岛(Devil's Island)上终身囚禁。他是第一个获准进入军队参谋总部的犹太人,而且是个阿尔萨斯人。参谋总部的人惊恐万状、摇摇欲坠,虽有政治意识,却又愚蠢至极。法国群众的行为主要是受这些人的挑动,同时又受其操纵。"大事件"过后,他们的骚动才达到顶点;"大事件"的次要后果之一就是人们与勒庞的《乌合之众》产生了新的思想共鸣。1894 年对德雷福斯这个"外人"的审判、定罪、撤职,足以让群众释放出其不负责任的、易受暗示的特征,并任其传遍全国,即使最不关心政治的法国人(但愿这不是矛盾的表述)也不会不予注意,更不用说像勒庞这样目光敏锐的人了。

人们说勒庞的《乌合之众》是研究群众行为的社会心理学著作，主要是因为它解读了法国大革命中的事件。现在我们明白了，这种说法只是出于习惯，而不是完全正确的评判。这个盛行的解释只有部分的正确性。诚然，在勒庞用来阐明自己观点的五十多个历史事件中，有二十来个是法国大革命中的事件，有几个是有关拿破仑的。不过，他所用的其余事件仍占一半比例，它们不但发生在法国，而且都是他亲眼所见的事件。况且，法国大革命仍然影响着他那个时代的事件。就像其他许多法国人一样，大革命是勒庞挥之不去的记忆。不过，他的著作里无数的暗示表明，他所观察的群众行为，提醒他去注意大革命中类似的事件。他对法国大革命的社会心理学研究，往往是回顾式的，他观察19世纪后期法国的群众生活，从中获得的洞见促使他追溯历史。简言之，追溯大革命时代的群众行为是伪装，勒庞实际上分析的是他那个时代第三共和国的群众的行为。

我们知道，阅读勒庞时往往会觉得，他似乎亲身经历过法国大革命——他的希望被第二帝国出卖，被第三共和国粉碎。事实当然不是这样的，他享年90岁，并未亲历法国大革命。使他闻名遐迩的《乌合之众》在他55岁那年问世。然而，他对自己时代法国群众行为的观察，业已为他的社会心理学奠定了基础。如果他真想观察群众的行为，就会这样去解释圣保罗教堂唱诗班入口处纪念克里斯托弗·雷恩的铭文——他会向同代人说："如果你需要证明我的观点，请看看你的周围吧！"

事情正是这样。过去时代的历史事件,既不是勒庞的群众行为理论的唯一来源,也不是其主要的经验证据。这一点至少隐含在他的矛盾心态中——对历史用于学术研究的作用,他很矛盾。他这本书发现,可以不理会历史,更加确切地说可以不理会历史记述,它被视为对社会中的人的复杂生活经验的真实记录。在这一点上,虽无据可查,但他的态度原则上是:"历史是一派胡言。"据说,经亨利·福特(Henry Ford)说出口后,这句话就臭名昭著了。即使福特的

克里斯托弗·雷恩(Christopher Wren,1632—1723),英国设计师、建筑师、几何学家,主持修建了许多著名建筑,尤为著名者是伦敦的圣保罗大教堂。

确说过这句话,他也是为了简明,而且是因为无知,但勒庞类似的话却连篇累牍,并不是因为无知。由于怀有这样的心态,他相信,"历史著作应该被视为纯想象的产物。它们是对观察有误的事实富于幻想的记述,伴有对反思的结果的解释。写这样的书绝对是浪费时间"。为了得出这种历史虚无主义的判断,勒庞一开始就说,历史记载难逃两种噩运:第一,记录历史真相的证据或缺失,或散佚;第二,对碰巧可以利用的文献进行有倾向性的选择,这对史学家来说是难以避免的。

稍后,他对历史的心态有所转变,这种心态显然维持了足够长的时间,使他"浪费"时间去写了好几本所谓的历史著作。他

发现，不大量借助史料，根本就无法论述群众行为（或其他任何人类行为）。1912 年，当他发表《法国大革命和革命心理学》（*La révolution française et la psychologie des révolutions*）时，他只是改变了自己的做法，却没有改变看法。他仍然认为，声称撰写正宗的历史是荒谬的。

如同大多数在矛盾心态中挣扎的人一样，勒庞也提出了调和的理论。这使他既能和历史共存，又能否认在思想上与历史同居。这个被合理化的理论具有简明的魅力。不错，"对于那些在人类历史上发挥过重大作用的伟大人物，如赫拉克利特（**无疑，勒庞在这里用温柔的一手骗我们。——默顿**）、释迦牟尼或穆罕默德，关于他们的生平，我们掌握了一句真实的记录吗？"但他又接着说，这些人的"真实生平"对我们无关紧要。"我们感兴趣的是要了解，流行的传说如何表现历史伟人。让群众印象深刻的英雄是传奇式英雄，而从来都不是真实的英雄。"

他似乎在调和基本的历史真相和有效的历史传说。我们可以怀疑这种尝试的效力。但我们应该同情他的两难处境，他在面对历史时的矛盾倾向之间摇摆。他在摸索中寻求一个理念，这是后来形成的比较严谨和真实的理念：决定历史人物的地位的，与其说是他们的"真实"面目，不如说是他们在后人的感知和体会中的形象。真相（创作者也许觉得完美无缺）与表象不必完全吻合，但有时也能吻合。勒庞在这种矛盾的历史心态中苦苦挣扎，逐渐形成了他所谓的托马斯定理："如果把情境定义为真实的，那么情境就会产生真实的影响。"托马斯定理是用 20 世纪美国社会学大师威廉·托马斯（William I. Thomas）的名字命名的。勒庞逐渐接近后来名曰"公开形象"的概念，并逐渐醒悟到该形象在影响接受它的"群众"的行为中的作用。在探索的过程中，勒庞几乎但并未彻底悟透，历史传说如何协助形成后来的历史真相。

许多学者在名声不佳的含糊其词的分析的基础上，否认历史为发现人类社会生活中的一致性提供了基本材料。然而，尽管勒庞调动了全部的知识力量（这一点不容忽视），他始终不能取得略胜于这些学者的成就。和许多同代人一样，而且遗憾的是和许多后来者一样，勒庞认为，历史就是发生的事情，而历史文献就是对独特事件的记述。这样的表述模棱两可，只是表面上看起来真实。倘若勒庞的这一表述严格地说是正确的，如果历史资料不能提供足够的基础，不能使我们探察人类行为发展的一致性，也不能探察社会制度和社会结构发展的一致性，那么，勒庞的确就是在浪费他本人和我们的时间。这当然是粗糙而错误的观点，有资格责备他的人当然是不费力气就可以享受后来者的知识积累的人，但那是后见之明。《乌合之众》出版六年后，杰出的德国哲学家海因里希·李凯尔特（Heinrich Rickert）和威廉·文德尔班（Wilhelm Windelband）还在解释，为何历史只能求得富有个性的描述，而不能求得物理学和生物学那样的一致性。只是到了后来，人们才放弃了普遍（概括）学科和具体（个性化）学科的划分，比如，维尔弗雷多·帕累托（Vilfredo Pareto）就说："在某些方面，即我们所谓的主要方面，'历史绝不会重复'几乎就等于'历史总是在重复'。"

所幸的是，勒庞在实践中继续否定他原则上肯定的观点。从独特而具体的历史事件中，他抽取出在一定程度上重复的现象，借以找出人类行为中假定的一致性。然而，在指出这一点时，我们切不可把先见之明归在他的名下，那也有失公正，因为他实际上并没有表现出那样的先见之明。读一下此书便知道，勒庞显然并不具备这样的方法论头脑。他的著作向来缺少系统搜集的证据，不足以使他的思想经受住公正的（不带偏见的）检验。他所采用的方法，是社会哲学家、社会心理学家和社会观察家的方法，这些方法不但在他那个时代十分流行，在我们这个时代也远没有消失。这一方法是，把历史上的奇闻逸事用作思想资源，误以为以此为基础得出的解释就是历史真实。他的方法固然有缺陷，但是正如我们所见，他的某些观点却是正确的。这些观点有些粗糙，有待后来的社会科学家付出大量平淡无奇的艰苦努力。这些社会科学家不会从一个观念高峰跳到另一个观念高峰，而是会在高峰之间的方法论山谷中艰苦跋涉，在有条不紊的探索之后，才准备继续攀登。

就思想的扩散而言，有些作者不提供足够良好的基础，使人借以把正确的东西和纯粹嘈杂的东西区别开来；这种思想很易于进入勒庞这样的头脑。区分谬误的思想和正确的创造性思想的标准，当然就是看切实可行的、大体（但不是完全的）正确的思想占了多大比例；在社会思想领域和其他领域里，都是这样一个标准。在这个方面,勒庞的成功率似乎相当高,这也可以解释《乌合之众》为何产生了持久的影响。有时,正像弗洛伊德所言,勒庞出手击球时并不体面,却自以为赢了球赛。不过,在社会哲学家的竞赛中,勒庞的确不时得分,并能在关键时刻来上一个全垒打。

如果把勒庞说成思想竞技场上的英雄和一位社会学先知,也许会铸成新的错误:混杂的比方和时代的错乱(棒球毕竟不是他那个世界的一部分)。不过,我们可以为这个混杂的比方辩解几句。他遭遇了一系列令人困惑的问题,试图一一解决,最后他做出了一系列社会学断言,使后继者能在这些难题上超过他。此外,在他的后继者中,一些研究人类群体行为的人,也曾独立应用过这个涉及体育和科学的不恰当的比喻。社会学家保罗·F. 拉扎斯菲尔德(Paul F. Lazarsfeld)和社会哲学家奥尔特加·加塞特都用过这个比喻;但他们彼此并不知道,另一人用过这个不太妥当的比方。在《社会研究的语言》(*Language of Social Research*)中,拉扎斯菲尔德把奥林匹克运动项目的纪录被不断刷新归因于训练技巧的改进,而不是达尔文或拉马克意义上的人类竞技能力的进化;每一代人

奥尔特加·加塞特(José Ortega y Gasset,1883—1955),西班牙著名思想家、哲学家,现代大众社会理论的先驱,著有《群众的反叛》《哲学的起源》等。

都有所改进，但其能力并不胜过前辈。加塞特的《群众的反叛》（*The Revolt of Masses*）一书在学习勒庞的著作的基础上又有所改进。和勒庞一样，他也注意到体育比赛的纪录被不断刷新，并认为科学界的情况与此相似。在人类文化的所有领域，大概除了艺术和道德之外，现实与一种过时的"进步"观很契合。这里所谓的"进步"是严格受限的"进步"：为工具性思想和行动而积累的知识和增加的能力。因此就出现这样的情况：勒庞的《乌合之众》中的观点，被他人加以改进，但他们未必比勒庞高明，有时还不如他；他们之所以略占优势，那是因为他们是后来者。

对有些读者而言，勒庞的思想颇有先见之明。"我们即将进入的时代的确是群众的时代"，他这句话犹如预言，意思是说大众正在走进历史，他们的意见过去无关紧要，现在开始起作用了。稍后，许多意识形态源头各异的作家大大推进了大众社会研究，进一步阐述了这一概念，举其要者有：恩里科·科拉蒂尼（Enrico Corradini）、埃米尔·勒德拉（Emil Lederer）、加塞特、弗兰茨·纽曼（Franz Leopold Neumann）、埃里克·弗洛姆（Erich Fromm）和汉娜·阿伦特。

汉娜·阿伦特（Hannah Arendt，1906—1975），德裔美国人，20世纪最具原创性的思想家、政治理论家之一，著有《黑暗时代的人们》《极权主义的起源》等。

勒庞对群众人（crowd-man）这一形

象的描绘也颇有预见性。他认为,群众人日益淹没在流行文化中,流行文化把平庸、低俗当作最有价值的东西。根据他描绘的肖像,和过去的社会中的人相比,群众人更容易受周围的人的判断和爱好的影响,这使人想到当下人们的关切:当代人自主判断能力的丢失。

社会学家罗伯特·帕克和欧内斯特·W. 伯吉斯(Ernest W. Burgess)认为,勒庞预见到了我们这个群众运动的时代,并且描述了这些运动的若干特点,其方法已被相关社会学研究继承,并得到了重要的发展。

勒庞先见之明的最后一个例子是,他认识到分散性群众(dispersed crowd)的日益重要性。分散性群众没有聚在一起,他们独自关注同样的社会刺激,在一定程度上表现出聚合性群众(aggregated crowd)的行为特征,似乎与面对面、背靠背聚在一起的群众一样。当然,勒庞不能预见到广播、电视这类影响巨大的新大众媒体(他毕竟不是真正的先知)。不过,他确实注意到了报纸编辑对大众意见的影响——他们先迎合大众的情绪,然后把这些情绪引入特定的行为渠道。

用对路的行话说,所有这些"洞见"都表明,只要能辨识人类社会行为中反复表现出来的某些方面,即使粗糙的思想也能把握未来事件的某些方面。勒庞并非有些人所谓的先知。先知是自称能预测具体事件的人,即使做不到毫厘不差,也能预见到许多细节。出色的先知能预告事件何时何地发生,能准确无误地描绘其细节。相反，社会学专业的学生、社会运行机制的分析者和社会调查者，不会去承担先知的艰巨任务。社会科学家不是先知，不过，他们常被误认为是先知，或者有人误判他们自称先知。他们尽力探察，在什么样的条件下，我们可以合理预期某些社会行为的出现以及社会将要发生的变化，这一任务已相当艰巨。社会科学家遇到身边的一个具体问题时，会小心谨慎地预测可能发生的事情，他的预测仅局限于未来事件中的某些方面。社会科学家较少进行预测，不仅是因为他们不像社会先知那样有那么大的把握（毕竟，社会先知拥有预知未来历史的独门绝技，罕有人拥有这样的才能，或者可以说根本就没有人具备这样的才能）。社会科学家偶尔做预测，例如对人口剧增将造成的后果进行预测，这不仅是因为他们小心谨慎和怀疑的态度已经仪式化。更准确地说，社会科学家有时准备判断，在特定的条件下可以合理地预期可能会发生什么，但即使这样，他往往也不能断言，这些特定的条件（对所预测的结果至关重要）何时会出现，甚至不能断言它们是否会出现。

　　关于预测，与社会先知相比，社会科学家还有一点不同。这二者只是表面上相似，实则相距甚远。社会科学家希望从自己的失败中学习。如果合理预期的结果没有出现，如果研究表明，假定的条件已经出现，而预期的结果却没有出现，他就会坐下来重新检视自己的证据，修正自己的思想，就像有人指示他这样做一样。先知对于自己未实现的预言更加仁慈，他不会对这个预言弃之不顾，亦不会修正他有关事物如何运行的基本观念。预言与实际结果不一致时，先知往往会搪塞，以免预言受对立证据的影响，并使预言毫发无损。成功的先知可以有效地做到这一点。如古语所云，他会文过饰非，以"保全面子"。他的信徒很快就会看到，未实现的预言只是表面上落空了，实际上却是表明先知的预言十分准确的更有力的证据。

以上对社会先知和社会科学家的走马观花般的比较，并不像看上去那样离题。我的意思是，今天重读勒庞的《乌合之众》时，有人禁不住把他在1895年所说的话视为对此后的事情的预言。这不仅仅是错误的，而且显然是在给勒庞帮倒忙。这等于派给他一个先知的角色，他偶尔贪求这一角色，却因为不适合而不得不放弃。就这样，基于他的能力，受19世纪末的流行时尚的影响，他试图成为社会科学家。与同时代较年轻的法国社会科学家比如埃米尔·迪尔凯姆（Émile Durkheim）相比，勒庞没有学会如何系统地搜集和分析社会学数据，也没有学会用数据来否定自己错误的观点。迪尔凯姆开启了社会学思想和研究的新纪元，但社会学研究这个阶段的到来仍然有待时日（当然，即使现在也只是处在初级阶段）。勒庞有社会学家的意图，但他并没有学会知识苦行僧一样的工作方式，而那是使他的研究系统化、吸引人的必要条件。他有意成为社会学家，实际上却是散文家。尽管如此，由于他有社会学的直觉，因此如我们所知，他说了许多很值得一说的话。

然而，勒庞也说了不少不值得一说的话。我们看到，这本书的内容并不平衡，观察的质量不平衡，根据观察做出的推论也不平衡。各种思想充斥其中：有些正确而富有成果；有些正确但未结果；有一些肯定不正确，但有助于启发有价值的观点；最后遗憾的是，有一些思想既不正确，也无成果。我们只能说，和我们许多人一样，勒庞不能对他的各种思想的价值进行鉴别。它们全是他的头脑的产儿，因此他一视同仁地喜爱。无论好坏，无论是硕果累累抑或是贫瘠荒芜，它们全都受到他的呵护。实际上，他就像《圣经》故事中那个浪子的父亲一样，希望我们呵护子女。他喜欢自己的书中那些思想的产物（"子女"），其中罪孽深重的"子女"（我们如今知道它们是完全错误的）他也喜欢；即使根据他自己的价值观，那也是很危险的子女（下文里我们即将看到这样一个例子）。然而，即使这样，他的良好感觉最终还是占了上风。

也许，因为勒庞写的是一部群众社会心理学著作，而不是关于这个主题的编年史，因此他的书里包含着许多与我们这个时代格格不入的内容。

勒庞把许多意识形态形象和信念奇怪地杂糅在一起，这样的证据在这本小书里俯拾即是。他是个忧心忡忡的保守派，对有社会主义倾向的无产阶级队伍的不断壮大深感忧虑。在该书的主题下，杂陈着五花八门的思想：反复出现的政治保守主义迹象；对社会主义的方方面面的一贯敌视;独特的种族主义画像;妇女的形象——软弱而顺从,不善推理也不讲道理,冲动急躁,情绪不稳,反复无常,缺乏道德,万事不如男人,却未必令人不快。然而,如果清除掉这些意识形态垃圾,勒庞有关群众行为的基本概念虽不完整,却也可以说是完好无损。

请考虑其中一个意识形态观点,勒庞和当时的许多人都持有这种观点。他说,"种族这个基本概念"是"决定我们命运的神秘主因"。人们后来发现,这不过是一种种族主义观念,在19世纪中叶由戈宾诺提出,是经久不衰的种族中心主义的基础,为剥削"劣等种族"提供了"理据"。勒庞眼里的"种族"是界定不明的概念,大体上相当于所谓的"民族性格的结构"。我们在下列情况中能看到他的"种族"观念:他说"西班牙种族的遗传本能";他说普天之下的群众都有"阴柔的特点",但"拉丁群众尤其如此"。"种族"是个定义松散的标签,可以贴在各国人民和各个民族身上。这反映了勒庞对人类学的无知,但并不说明他有民族中心主义的恶意。

约瑟夫·阿瑟·戈宾诺(Joseph Arthur, Comte de Gobineau, 1816—1882),法国外交官、作家、社会思想家,提倡种族决定论,著有《论人类的不平等》《亚细亚故事》等。

这是一本时髦的书,被反复证明与勒庞的时代和我们的时代密切相关。它绝非全然的创新之作，严格地说内容也并非完全正确。从复合性的视角来看，表现最佳时也只能算较好，最差时也不算很糟，作者则无从知其好坏。书的字里行间与字面上有着同样多的意义。作者的眼光时而偏于一隅，时而扫描全球；时而预见未来，时而回眸过去。他实际上有效地利用历史，原则上却否认历史的真实性和有效性。他从当时表现出人类行为一致性的戏剧性事件中提炼出这样的一致性，其中杂糅着一些并不影响其实质的意识形态怪论。这就是勒庞的《乌合之众》，一本仍然值得一读的书。

哥伦比亚大学

1960 年 1 月

译后记：从正名的冲动到中庸的妥协

何道宽[*]

一、剽窃神手耶，学术大师耶？

几个月来，很是纠结。北京大学出版社委托翻译的这本书，我是否要勇于担当？无数问题接踵而至，难以求解。

这本书已经有近二十个中译本，容我再凑热闹，添加一本吗？

已出的所有中译本皆名《乌合之众》，我难以苟同。是否要另起炉灶，另外命名？

作者勒庞是学术骗子抑或是学术大师？

他的名著 *The Crowd: A Study of the Popular Mind* 是学术经典

---

[*] 何道宽，深圳大学英语及传播学教授、政府津贴专家、资深翻译家，曾任中国跨文化交际研究会副会长、广东省外国语学会副会长，现任中国传播学会副理事长、深圳翻译协会高级顾问，从事英语语言文学、文化学、人类学、传播学研究 30 余年，著作和译作 80 余种，逾 1900 万字（著作 85 万字，论文约 30 万字，译作约 1800 万字）。

抑或是江湖膏药？

为何出版界蜂拥而上？功利？钻营？媚俗？

这本书对中国学术、社会、文化、民智有用吗？

为何诸多译者把 The Crowd 译为《乌合之众》？哗众取宠的噱头？帮助读者的苦心？精心追求的传神？无可奈何的变通？翻译技法的妙手？

在近年的译作《群众与暴民》（约翰·麦克莱兰著，复旦大学出版社 2014 年版）里，我没有用《乌合之众》的译名，坚持将勒庞的 The Crowd 译为《群众心理学》。

经旬月踟蹰、仔细思考、全面评估后，又征得《群众与暴民》的编辑姜华先生同意后，我改变初衷，得出一个调和的结论：勒庞这本书是群众心理学领域的第一部专著，功莫大焉；勒庞本人是群众心理学的奠基人之一，业有专精，应予肯定；至于其学术人品，虽令人诟病，却可一分为二。毕竟他不是学术庙堂中人，而是普及读物写手。

迄今为止，在我的译作中，与勒庞的 The Crowd 类似的有四种：《传播与社会影响》（加布里埃尔·塔尔德著，中国人民大学出版社 2005 年版）、《模仿律》（加布里埃尔·塔尔德著，中国人民大学出版社 2007 年版）、《个性动力论》（库尔特·勒温著，中国传媒大学出版社 2014 年版）和《群众与暴民》。

《模仿律》是社会学、社会心理学领域的巨著；《传播与社会影响》是塔尔德著作的精粹；《个性动力论》是实验心理学和社会心理学领域的名著。

《群众与暴民》和《乌合之众》主题相同,品位迥异。《群众与暴民》是非常严肃的学院派著作。它研究西方2500年来的"群众"现象,重点解析西方近代的非理性思潮,是西方群众理论、群众心理学、社会心理学和政治学领域的名著。作者麦克莱兰的《西方政治思想史》在我国影响很大。它撷取从古至今西方研究"群众"现象的16位代表人物加以论述,其中包括伊波利特·泰纳、塔尔德、西盖勒和勒庞,均用独立的章节论述。麦克莱兰爱憎分明,盛赞泰纳、塔尔德、西盖勒对群众心理学的重大贡献;对勒庞则一分为二,既肯定其历史地位,又揭露其人品和学风的阴暗面,痛批其剽窃塔尔德、西盖勒和泰纳的行为。

容我在此扼要转述麦克莱兰对勒庞的批判,借以平衡和矫正过去十余年来中国出版界和学术界无意之间为勒庞塑造的高大全形象。我无意打倒他,唯愿还原真相,恰当臧否。

为省篇幅,引三句话足矣。

> 勒庞的生平所为使人不再相信,剽窃勾当必定是偷偷摸摸的……他干剽窃勾当很简单。他假装是科学上的孤军,以便声称一切思想都是他的原创,从任何地方进入他脑袋的思想都是他的。

> 勒庞肆无忌惮地以施惠人自居,剽窃泰纳的成果,亦如他剽窃其他群众理论家的成果一样……他放开手脚到泰纳的《当代法国的源头》里去捞取研究群众的

素材。

为了推销自己,他不择手段:"……他竟然厚颜无耻地致信爱因斯坦,要求对方公开承认,他勒庞才是相对论的发现者。"

二、书名辩证

若直译,*The Crowd: A Study of the Popular Mind* 当为《群众:大众心理研究》。几十年来,世界各国心理学圈子里的人士都将其译为《群众心理学》,但中译本都题为《乌合之众》。这个译名所向披靡,既吸引眼球,又撩动非理性,掀起了一浪接一浪的营销狂潮。然而,"乌合之众"的译名真符合勒庞原书里 crowd 的含义吗?这真有利于中国的学术建设吗?

"乌合之众"在现代汉语里带一丝贬义,不符合该书主题。

"乌合之众"显然与中国读者熟悉的"群众"大异其趣。

在心理学里,crowd(群众)不同于 group(群体),"群众"是非理性群体,不容混淆。

在当代中国革命和建设的用语中,"群众"是阳刚、正面、积极的。

在西方学界(政治学与心理学界),"群众"是一种复杂的社会现象,"群众"观念和理论的运行、特征与功能,"群众"的衍生意义,"群众"的相关学科都内容庞杂。

我认为,用《乌合之众》来翻译勒庞的 *The Crowd*,未必妥当。所以，在我的译作《群众与暴民》里，我坚持将其译为《群众心理学》，心有正名之意。

为求理解勒庞《群众心理学》的主题，有必要梳理"群众"的含义，廓清"群众心理学"的学科范围和宗旨。现分十条勾勒如次：

1. "群众"的近义词和与之密切相关的词有：大众（masses）、群氓（populus）、暴民（mob）、乌合之众（rabble）、民众（demos）、平民（plebs/commons）、群体（group）、集体（collective）、社群（association）、社团（corporation）。

2. "群众"的派生词语有：群众人（crowd-man）、群众社会（crowd society）、群众政治（crowd politics）、制度化的群众（institutionalized crowd）、无领袖群众（leaderless crowd）。

3. "群众"的特征有：匿名性（anonymity）、传染性（contagion）、暗示感受性（suggestibility）。

4. "群众"心理和相关心理有：群众心理（the mind of the crowd，crowd mentality）、群体心理（the group mind）、集体心理（collective mind）、暴民心理（mob mind）、个体心理（individual psychology）、社会心理（social psychology）。

5. 与"群众"相关的心理学有：政治的精神病理学（political psychopathology）、集体精神病理学（collective psychopathology）、催眠术心理学（psychology of hypnotism）、深蕴心理学（depth psychology）、无意识心理学（psychology of the unconscious）。

6. "群众"理论及其衍生理论和相关理论有：群众理论（crowd theory）、群众理论家（crowd theorist）、群众领袖理论（theory of the leadership of crowds）、进步理论（theory of progress）、无意识行为理论（theory of unconscious behavior）、精英理论（theory of elites）。

7. 与"群众"相关的时代有：群众时代（Era of Crowds）、暴民时代（the age of the mob）。

8. 对"群众"的简明界定是：群众是未分化的大众（masses），是有一定组织化程度的群体（group）。

9. 与"群众"相关的规律有：群众心理同一律（Law of the Mental Unity of Crowds）。

10. "群众"的类型有：开放的、封闭的、有节律的、停滞的、缓慢的、快速的、显形的、隐形的、引诱的、逃亡的、扣制的、逆反的、飨宴的、双重的、增长的、单一的。

三、两难的困境，最后的妥协

以上十条，不厌其烦，洋洋洒洒，彰显"群众"的学术理路，意在说明：为何我想要把《乌合之众》更名为《群众心理学》。

然而，迫于《乌合之众》众多译本所向披靡的压力，我不得不放弃"矫正"译名的主张，做出妥协，接受约定俗成的译名《乌合之众》。不过，我要给它加上一个副标题，最后将其定名为

《乌合之众：群众心理研究》。

但有一点是不能妥协的：crowd 不能译为"群体"（"群体"只对应 group），只能译为"群众"。

本书的翻译自始至终坚持区分三个名词的不同译名：crowd 是"群众"，group 是"群体"，collectivity 是"集体"，不容混淆。所以，读者会发现，其他译本中 99% 的"群体"都被我还原为"群众"了，意在正名。

为求圆满，容我再补充几点意见，以求教于读者。

1. 与"群众"相比，"乌合之众"带一丝贬义。标准的心理学术语"群众"的英语对应词是 crowd，"乌合之众"更接近于英语的 rabble，无法回译为 crowd。

2. *The Crowd* 不能译为《群体心理学》，应该译为《群众心理学》，将其译为《乌合之众：群众心理研究》，是对国内"传统"译名的无奈妥协。

3. 群众心理学和群体心理学截然不同，不能混淆。比如，弗洛伊德的书 *Group Psychology* 就不能译为《群众心理学》，而只能译为《群体心理学》，因为"群体"和"群众"含义不同。

四、为出版界辩护

十余年来，国内出版界竞相推出勒庞的《乌合之众》中文版，有诸多道理，细究起来，不外乎如下几点：

1. 勒庞虽不是严肃的学术大师，至少是群众心理学的奠基人之一。他广采博取,"吸纳"("剽窃")同时代其他社会学家和心理学家同期或率先发表的成果,抢先出版了世界上第一部群众心理学畅销书。实际上,几本论述或涉及群众心理学的专著都早于勒庞这本书,比如,伊波利特·泰纳的多卷本《当代法国的源头》(1876—1894)、塔尔德的《模仿律》(1890)、西盖勒的《犯罪群众》(1891)就早于勒庞的《乌合之众》(1895)。勒庞在《乌合之众》里大量"吸纳"他们三人的成果,或隐或显,毫无顾忌。

2. 自1895年问世以来,《乌合之众》这本小书无数次再版,被译成近二十种文字,历经一百余年而不衰。

3. 勒庞及其著作风靡全球和现代世界,这一现象引人注目。他的《乌合之众》是一面透镜,折射出人的非理性情感、情绪、行为和道德,又是一座音调高亢的警钟,拥有强大的生命力。

4. 近代以来,中华民族命途多舛、多灾多难,众多仁人志士为实现民族解放和复兴前赴后继、可歌可泣。我们有许多经验教训需要总结,群众心理学正是解释力和说服力强大的有力武器,可资借用。反省"砸烂孔家店""全盘西化""无法无天""造反有理"的历史失误,破解当前互联网和自媒体里的乱象,群众心理学都是一笔宝贵的财富。

5. 勒庞的《乌合之众》似乎有无限广阔的市场。无数勤于思考的公民希望借它考察社会、解剖自我。

明乎此,似可说:出版社狂热追捧勒庞的《乌合之众》,争夺市场，未必全是非理性的行为。

五、《乌合之众》的现实意义

按照惯例，我在几十部译作的"译者前言"里都写导读式的"各章提要"。这本书就省去了，因为互联网上有关这本书的"导读""提要""评论""心得"数不胜数，而且我相信，读者亦有兴趣自己花点时间去阅读，实在没有必要在此徒费笔墨。

在此，容我仅就最近几年著译工作中的体会，说一说《乌合之众》的现实意义。

在中华民族伟大复兴的过程中，在建设绿色家园、精神文明、健康舆论场的过程中，如何应对一哄而起的"群众"现象是一个紧迫的课题。

我近年的几种译作，有四种与绿色家园、健康舆论场、国际话语权密切相关，它们是：《互联网的误读》《媒介、社会与世界》《新新媒介》和《群众与暴民》。

近代以来，我国社会发展各阶段中的非理性现象令人触目惊心。

《乌合之众》有利于我们分析、认识、应对和矫正"群众"的非理性行为。

网络问政的现象很复杂，网络舆论场也很复杂。传统媒体影响下的政治基本上是自上而下的纵向传播，连舆论领袖的横向影响也未必很强大，逆向的自下而上的影响就更小。到了互联网时代，人人都是信息的生产者，有望成为信息中心，人人都可以制造话题；受欢迎的博主很快就成为"舆论领袖"；一只蝴蝶可以掀起翻天巨浪，一句谣言可以使万民不安。这个舆论场是弥散的，信息的流动是多元、多维、多向的。

但我们仍然可以梳理出一些基本的规律：和一切社会现象一样，网络问政也分上中下，左中右，消极和积极，温和、激进与极端，建设性与破坏性，理想局面与沮丧后果。网络问政的参与者既有"良民"，也有"恶棍"。

所以，网络要有规制，网民要有自律，"良民"要警惕"恶棍"；政府要讲亲民、公平、正义，善待民意，回应民意，学习民意。

互联网、新媒体和自媒体对"绿色家园"的培育不能完全靠自律，必须有他律。所谓他律就是法治和政策规制。人性"恶"的一面不守规矩，互联网、新媒体、自媒体的虚拟性和匿名性又容易助长肆无忌惮的"诈弹"、造谣、诽谤和攻击。

于深圳大学文化产业研究院
深圳大学传媒与文化发展研究中心
2014 年 6 月 25 日